Hugo's Simplified System

Swedish
Phrase Book

D0538982

Hugo's Language Books Limited

This edition
© 1989 Hugo's Language Books Ltd/Lexus Ltd
All rights reserved
ISBN 0 85285 138 3

Compiled by
Lexus Ltd
with
Stina Bruce-Jones
and
Peter Graves

*Facts and figures given in this book were
correct when printed. If you discover any
changes, please write to us.*

2nd Impression 1992

Set in 9/9 Plantin Light by
Typesetters Ltd, Hertford.
Printed in Great Britain by
HarperCollins Manufacturing, Glasgow.

CONTENTS

PREFACE

This is the latest in a long line of Hugo Phrase Books and is of excellent pedigree, having been compiled by experts to meet the general needs of tourists and business travellers. Arranged under the usual headings of 'Hotels', 'Motoring' and so forth, the ample selection of useful words and phrases is supported by a 2,000 line mini-dictionary. By cross-reference to this, scores of additional phrases may be formed. There is also an extensive menu guide listing approximately 500 dishes or methods of cooking and presentation.

The pronunciation of words and phrases in the main text is imitated in English sound syllables, and highlighted sections illustrate some of the replies you may be given and the signs or instructions you may see or hear.

INTRODUCTION

PRONUNCIATION

When reading the imitated pronunciation, stress that part which is underlined. Pronounce each syllable as if it formed part of an English word, and you will be understood sufficiently well. Remember the points below, and your pronunciation will be even closer to the correct Swedish. Use our audio cassette of selected extracts from this book, and you should be word-perfect!

ai:	as in 'fair' or 'stair'
ay:	as in 'play' or 'stay'
ew:	is like the sound in 'dew'
EW:	try to say 'ee' with your lips rounded
oo:	as in 'book' or 'soot'
OO:	as in 'spoon' or 'groom'
r:	should be strongly pronounced

SWEDISH ALPHABETICAL ORDER

In the lists of things you'll see and in the Menu Guide we have followed Swedish alphabetical order. The following letters are listed after z: å, ä, ö.

'YOU'

There are two words for 'you': 'du' and 'ni'. 'Ni' is the polite form; 'du' is the familiar form. But unlike in some other European countries it is not necessarily impolite to address a complete stranger with the familiar form. In fact many Swedes consider the polite form to be old-fashioned. In a lot of cases in this book we have given you a choice.

THE DEFINITE ARTICLE

The commonest form of the definite article ('the') in Swedish is as a suffix (*e.g.* 'en', 'et') added to the end of a word. When you see translations given in the form 'hus(et)' or 'bil(en)', the form 'huset' will mean 'the house' and 'bilen' 'the car'. 'A house' is 'ett hus' and 'a car' is 'en bil'.

USEFUL EVERYDAY PHRASES

Yes/no
Ja/nej
yah/nay

Thank you
Tack
tack

No thank you
Nej tack
nay tack

Please *(offering)*
Varsågod
vahrshawgOOd

Please *(asking for or accepting something)*
Tack
tack

I don't understand
Jag förstår inte
yah furshtawr inteh

Do you speak English/French/German?
Talar du engelska/franska/tyska?
tahlar dEW engelska/franska/tEWska

I can't speak Swedish
Jag talar inte svenska
yah tahlar inteh svenska

I don't know
Jag vet inte
yah vayt inteh

Please speak more slowly
Var snäll och tala långsammare
vahr snell ock tahla lawngssamareh

Please write it down for me
Var snäll och skriv upp det för mig
vahr snell ock skreev ewp day furr may

My name is ...
Jag heter ...
yah hayter

How do you do, pleased to meet you
Goddag, trevligt att träffas
goodahg, trayvligt att trefass

Good morning/good afternoon/good evening
God morgon/goddag/god afton
goo morron/goodahg/goo afton

Good night *(when going to bed)*
God natt
goo natt

Goodbye
Adjö; *(informal word)* hej
ahyur; hay

How are you?
Hur mår du?
hEWr mawr dEW

Excuse me please
Ursäkta
EWrshekta

Sorry!
Förlåt!
furrlawt

I'm really sorry
Jag är mycket ledsen
yah ay mEWkeh layssen

Can you help me?
Kan du hjälpa mig?
kan dEW yelpa may

Can you tell me ...?
Kan du säga mig ...?
kan dEW saya may

Can I have ...?
Kan jag få ...?
kan yah faw

I would like a ...
Jag skulle vilja ha en/ett ...
yah skewleh vilya hah ayn/ett

Would you like a ...?
Vill du/ni ha en/ett ...?
vill dEW/nee hah ayn/ett

Is there ... here?
Finns det en/ett ... här?
finnss day ayn/ett ... hair

9

Where can I get ...?
Var kan jag få ...?
vahr kan yah faw

How much is it?
Hur mycket kostar det?
hEWr mEWkeh kostar day

What time is it?
Hur mycket är klockan?
hEWr mEWkeh ay klockan

I must go now
Jag måste gå nu
yah mawsteh gaw nEW

I've lost my way
Jag har tappat bort mig
yah har tappat bort may

Cheers!
Skål!
skawl

Do you take credit cards?
Kan jag betala med kreditkort?
kan yah betahla med kredeetkoort

Where is the toilet?
Var är toaletten?
vahr ay too-aletten

Excellent!
Fint!
feent

THINGS YOU'LL HEAR

adjö	goodbye
akta dig!	look out!
bra	good
goddag, trevligt att träffas	how do you do, nice to meet you
förlåt	sorry
hej	hi; cheerio
hur står det till?	how are you?
ja	yes
jag förstår inte	I don't understand
jag vet inte	I don't know
just det	that's right
lycklig resa	bon voyage
nej	no
stig in	come in; get in
tack	thanks
tack, bra	very well, thank you
tack för sist	*polite formula used by Swedes when meeting someone who has recently taken them for a meal, invited them out, etc.*
tack så mycket	thank you very much
ursäkta	excuse me
varsågod	please; you're welcome; here you are
vasa?	pardon?
vi ses senare	see you later
välkommen	welcome

THINGS YOU'LL SEE

att hyra	to let
damer	ladies
drag	pull
ej ...	no ..., do not ...

→

11

ej ingång/utgång	no entrance/exit
fritt inträde	admission free
fullsatt	house full
förbjudet	forbidden
gata	street
herrar	gentlemen
hiss	lift
ingång	way in, entrance
inte	not
kassa	till, cash point
korvkiosk	hot-dog stand
ledigt	vacant
livsfara	danger
luciadag	St Lucia's Day (13th December)
lägenhet att hyra	flat for rent
nymålat	wet paint
nödutgång	emergency exit
polis	police
privat	private
rabatt	reduced prices
rea	sale
reserverad	reserved
semesterstängt	closed for holidays
skjut	push
stängt	closed
till salu	for sale
tillträde förbjudet	no admittance
toaletter	toilets
tystnad	silence, quiet
upplysningar	information
upptaget	engaged
utförsäljning	sale
utgång	way out
utsålt	sold out
väg	road
öppet	open

DAYS, MONTHS, SEASONS

Sunday	söndag	*surndahg*
Monday	måndag	*mawndahg*
Tuesday	tisdag	*teessdahg*
Wednesday	onsdag	*oonssdahg*
Thursday	torsdag	*toorshdahg*
Friday	fredag	*fraydahg*
Saturday	lördag	*lurrdahg*
January	januari	*yanewahree*
February	februari	*febrewahree*
March	mars	*marsh*
April	april	*ahpreel*
May	maj	*mah-ee*
June	juni	*yEWnee*
July	juli	*yEWlee*
August	augusti	*ahgewstee*
September	september	*septemberr*
October	oktober	*oktOOberr*
November	november	*noovemberr*
December	december	*dessemberr*
Spring	vår	*vawr*
Summer	sommar	*sommahr*
Autumn	höst	*hurst*
Winter	vinter	*vinter*
Christmas	jul	*yEWl*
Christmas Eve	julafton	*yEWlafton*
Good Friday	långfredag	*lawngfraydahg*
Easter	påsk	*pawsk*
Whitsun	pingst	*pingst*
New Year	nyår	*nEW-awr*
New Year's Eve	nyårsafton	*nEW-awrsh-afton*
Midsummer Day	midsommardag	*midsommahrdahg*

NUMBERS

0	noll	*noll*		**5**	fem	*fem*
1	ett	*ett*		**6**	sex	*sex*
2	två	*tvaw*		**7**	sju	*shEW*
3	tre	*tray*		**8**	åtta	*otta*
4	fyra	*fEWra*		**9**	nio	*nee-oo*

10	tio	*tee-oo*
11	elva	*elva*
12	tolv	*tolv*
13	tretton	*tretton*
14	fjorton	*f-yoorton*
15	femton	*femton*
16	sexton	*sexton*
17	sjutton	*shewton*
18	arton	*ahrton*
19	nitton	*nitton*
20	tjugo	*chEWgoo*
21	tjugoett	*chEWgo-ett*
22	tjugotvå	*chEWgo-tvaw*
30	trettio	*tretti*
31	trettioett	*tretti-ett*
32	trettiotvå	*tretti-tvaw*
40	fyrtio	*furrti*
50	femtio	*femti*
60	sextio	*sexti*
70	sjuttio	*shewti*
80	åttio	*otti*
90	nittio	*nitti*
100	(ett) hundra	*(ett) hewndra*
110	(ett) hundratio	*(ett) hewndra-teeoo*
200	tvåhundra	*tvawhewndra*
1000	(ett) tusen	*(ett) tEWssen*
1,000,000	en miljon	*ayn milyOOn*

14

TIME

today	i dag	*ee dahg*
yesterday	i går	*ee gawr*
tomorrow	i morgon	*ee morron*
the day before yesterday	i förgår	*ee furrgawr*
the day after tomorrow	i övermorgon	*ee urvermorron*
this week	den här veckan	*dayn hair veckan*
last week	förra veckan	*furra veckan*
next week	nästa vecka	*nesta vecka*
this morning	i morse	*ee morsheh*
this afternoon	i eftermiddag	*ee eftermiddahg*
this evening	i kväll	*ee kvell*
tonight	i natt	*ee natt*
yesterday afternoon	i går eftermiddag	*ee gawr eftermiddahg*
last night	i går kväll	*ee gawr kvell*
tomorrow morning	i morgon bitti	*ee morron bittee*
tomorrow night	i morgon kväll	*ee morron kvell*
in three days	om tre dagar	*om tray dahgar*
three days ago	för tre dagar sedan	*furr tray dahgar saydan*
late	sen	*sayn*
early	tidig	*teedig*
soon	snart	*snahrt*
later on	senare	*saynareh*
at the moment	just nu	*yewst nEW*
second	en sekund	*sekewnd*
minute	en minut	*meenEWt*
two minutes	två minuter	*tvaw meenEWter*
quarter of an hour	en kvart	*ayn kvahrt*
half an hour	en halvtimme	*ayn halvtimmeh*
three quarters of an hour	tre kvart	*tray kvahrt*

15

hour	en timme	*timmeh*
every day	varje dag	*vahryeh dahg*
all day	hela dagen	*hayla dahgen*
the next day	nästa dag	*nesta dahg*
week	vecka	*vecka*
month	månad	*mawnad*
year	år	*awr*

TELLING THE TIME

Sweden conforms to Central European time, which is one hour in advance of GMT. The Swedes put their clocks forward by an hour from the end of March until the end of September. In telling the time it is important to note that, instead of saying 'half past' an hour, the Swedes refer to the next hour coming (for example, 'half past one' is said in Swedish as 'half two'). Also, the 24 hour clock is used much more commonly than in Britain and in the USA, both in the written form, as in timetables, and verbally as in enquiry offices and when making appointments.

a.m.	förmiddag(en)	*furmiddahg*
p.m.	eftermiddag(en)	*eftermiddahg*
one o'clock	klockan ett	*klockan ett*
ten past one	tio över ett	*teeoo urver ett*
quarter past one	en kvart över ett	*ayn kvahrt urver ett*
half past one	halv två	*halv tvaw*
twenty to two	tjugo i två	*chEWgoo ee tvaw*
quarter to two	en kvart i två	*ayn kvahrt ee tvaw*
two o'clock	klockan två	*klockan tvaw*
13.00	klockan tretton	*klockan tretton*
16.30	sexton trettio	*sexton tretti*
at half past five	halv sex	*halv sex*
at seven o'clock	klockan sju	*klockan shEW*
noon	klockan tolv	*klockan tolv*
midnight	midnatt	*meednatt*

16

HOTELS

There is a good selection of hotels and motels in all categories in every Swedish town or city. Rooms are usually comfortable and are always very clean. Country hotels, many of which are old converted manor houses, can be found all over Sweden. It is advisable to book your accommodation in advance during the high season from June to September. Hotels and motels are open all year round except for the lower-priced 'sommarhotell', which are university students' flats used as hotel rooms during their summer vacation.

If you want budget accommodation, look for the 'rum' sign (which means 'rooms'). Where you see this sign you will find a room (but not always breakfast) in a private Swedish home.

There are 280 youth hostels scattered all over Sweden. They are open to people of all ages, and some have family rooms with up to four beds and a kitchen.

The Swedish Tourist Board publishes a useful brochure called 'Hotels in Sweden' which is available from Swedish Tourist Offices.

USEFUL WORDS AND PHRASES

balcony	en balkong	*balkong*
bathroom	ett badrum	*bahdrewm*
bed	en säng	*seng*
bedroom	ett sovrum	*sawvrewm*
bill	räkning(en)	*raikning*
breakfast	frukost(en)	*frewkost*
dining room	matsal(en)	*mahtssahl*
dinner	middag(en)	*middahg*
double room	ett dubbelrum	*doobelrewm*
foyer	lobby(n)	*lobbee*
full board	helpension	*haylpangshOOn*
half board	halvpension	*halvpangshOOn*
hotel	ett hotell	*hootell*
key	nyckel(n)	*nEWckel*

17

lift	en hiss	*hiss*
lounge	sällskapsrum(met)	*sellskahps-rewm*
lunch	lunch(en)	*lewnch*
manager	direktör(en)	*direkturr*
reception	reception(en)	*resseptshOOn*
receptionist	receptionist(en)	*resseptshOOneest*
restaurant	en restaurang	*restawrang*
room	ett rum	*rewm*
room service	rumsbetjäning(en)	*rewmss-bechaining*
shower	en dusch	*dewsh*
single room	ett enkelrum	*enkelrewm*
toilet	en toalett	*too-alett*
twin room	ett rum med två sängar	*rewm med tvaw sengar*

Have you any vacancies?
Finns det ett ledigt rum?
finnss day ett laydigt rewm

I have a reservation
Jag har beställt rum
yah hahr bestellt rewm

I'd like a single/double room
Jag skulle vilja ha ett enkelrum/dubbelrum
yah skewleh vilya hah ett enkelrewm/doobelrewm

I'd like a room with a bathroom/balcony
Jag skulle vilja ha ett rum med bad/balkong
yah skewleh vilya hah ett rewm med bahd/balkong

I'd like a room for one night/three nights
Jag skulle vilja ha ett rum för en natt/tre nätter
yah skewleh vilya hah ett rewm furr ayn natt/tray netter

18

What is the charge per night?
Vad kostar det per natt?
vah kostar day pair natt

I don't know yet how long I'll stay
Jag vet inte ännu hur länge jag stannar
yah vayt inteh ennew hEWr lengeh yah stannar

REPLIES YOU MAY BE GIVEN

Tyvärr är vi fullbokade
I'm sorry, we're full

Vi har inga lediga enkelrum/dubbelrum
There are no single/double rooms left

För hur många nätter?
For how many nights?

För hur många personer?
For how many people?

Hur betalar ni?
How will you be paying?

Fyll i den här blanketten
Please fill in this form

Var snäll och skriv namnet här
Please sign your name here

Var vänlig och betala i förskott
Please pay in advance

When is breakfast/dinner?
När serveras frukosten/middagen?
nair sairvayrass frewkosten/middahgen

Would you have my luggage brought up?
Kan ni bära upp bagaget?
kan nee baira ewpp bagahshet

Please call me at ... o'clock
Var snäll och väck mig klockan ...
vahr snell ock veck may klockan

Can I have breakfast in my room?
Kan jag få frukost på rummet?
kan yah faw frewkost paw rewmmet

I'll be back at ... o'clock
Jag är tillbaka klockan ...
yah ay tillbahka klockan

My room number is ...
Mitt rumsnummer är ...
mitt rewmss-newmmer ay

I'm leaving tomorrow
Jag reser i morgon
yah raysser ee morron

Can I have the bill please?
Kan jag få räkningen?
kan yah faw raikningen

I'll pay by credit card
Jag betalar med kreditkort
yah betahlar med kredeetkoort

I'll pay cash
Jag betalar kontant
yah betahlar kontant

Can you get me a taxi?
Kan jag få en taxi?
kan yah faw ayn taxee

Can you recommend another hotel?
Kan ni rekommendera ett annat hotell?
kan nee rekommendayra ett annat hootell

THINGS YOU'LL SEE OR HEAR

bad	bath
bottenvåning	ground floor
drag	pull
dubbelrum	double room
dusch	shower
enkelrum	single room
frukost	breakfast
fullbelagt, fullbokat	no vacancies
halvpension	half board
helpension	full board
hiss	lift
matsal	dining room
nödutgång	emergency exit
rum	room
rum med frukost	bed and breakfast
räkning	bill
skjut	push
toalett	toilet
tryck	push

CAMPING AND CARAVANNING

Sweden is ideal for camping. With over 700 attractive campsites, graded from one-star to three-star, you'll be spoilt for choice. For guidance you can consult the official annual camping book 'Camping Sverige' which is available from any Swedish bookshop. Most sites are open from June to September, but about 200 stay open all year (mainly those located in popular winter sports areas). You will need an International Camping Carnet – if you don't have one before you arrive, you will be able to buy one at the first site you stay at.

Many camping and caravan sites also offer small log cabins for rent. These sleep 2-6 persons and are equipped with kitchenettes. Bedclothes are not included, so bring your own sheets or a sleeping bag.

Youth hostels in Sweden are open to all ages. Known as 'vandrarhem', they are cheap, clean and comfortable. Some have special family rooms, with a kitchen, which can accommodate up to 4 people. At hostels you will be expected to bring your own sheets. Sweden's most famous youth hostel is the 19th century schooner 'af Chapman' moored at Skeppsholmen in the centre of Stockholm.

USEFUL WORDS AND PHRASES

blanket	filt(en)	*filt*
to borrow	låna	*lawna*
bucket	hink(en)	*hink*
campfire	lägereld(en)	*laigereld*
to go camping	tälta	*telta*
camping permit	campingtillstånd(et)	*campingtillstawnd*
campsite	campingplats(en)	*campingplats*
caravan	husvagn(en)	*hEWssvangn*
caravan site	campingplats(en)	*campingplats*
compass	kompass(en)	*kompass*
cooking utensils	kokutrustning(en)	*kOOkEWtrewstning*
cutlery	bestick(et)	*bestick*
drinking water	dricksvatten (-vattnet)	*dricksvatten*

firewood	ved(en)	*vayd*
ground sheet	tältunderlag(et)	*teltoonderlahg*
hammock	hängmatta(n)	*hengmatta*
to hitch-hike	lifta	*lifta*
kettle	tepanna(n)	*taypanna*
log cabin	stuga(n)	*stEWga*
map	en karta	*kahrta*
open fire	öppen eld	*urpen eld*
rope	rep(et)	*rayp*
rubbish	sopor	*sOOpoor*
rucksack	ryggsäck(en)	*rEWgsseck*
saucepans	kokkärl	*kOOk-chairl*
self-catering	självhushåll	*shelvhEWss-holl*
sleeping bag	sovsäck(en)	*sawvsseck*
tent	tält(et)	*telt*
youth hostel	vandrarhem(met)	*vandrarhem*

Can I camp here?
Får jag tälta här?
fawr yah telta hair

Can we park the caravan here?
Får vi ställa vår husvagn här?
fawr vee stella vawr hEWssvangn hair

Where is the nearest campsite/caravan site?
Var ligger närmaste campingplats?
vahr ligger nairmasteh campingplats

What is the charge per night/per person/per caravan?
Vad kostar det per natt/per person/för en husvagn?
vah kostar day pair natt/pair pairshOOn/furr ayn hEWssvangn

Can I light a fire here?
Får jag göra upp eld här?
fawr yah yurra ewp eld hair

23

Where can I get ...?
Var finns det ...?
vahr finnss day

Is there drinking water here?
Finns här dricksvatten?
finnss hair dricksvatten

THINGS YOU'LL SEE

avgift	charge
campingplats	campsite
dagrum	day room
disk	washing-up
dricksvatten	drinking water
dusch	shower
eluttag	electricity point
förorenat vatten	polluted water
gör icke upp eld	do not light fires
husvagn	caravan
inga husvagnar	no caravans
kök	kitchen
minilivs	mini-market
naturreservat	nature reserve
obehöriga äga ej tillträde	no trespassing
semesterby	holiday village
sovsal	dormitory
stuga	cottage, cabin
stugby	holiday cabin village
tvätt	washing
tält	tent
tältning förbjuden	no camping
tältplats	campsite
upplysningar	enquiries
vandrarhem	youth hostel

MOTORING

Drive on the right, overtake on the left. Give way to traffic approaching from the right, unless there is a traffic light or a yellow diamond road sign indicating that you are driving on a main road (and have priority).

Speed limits outside built-up areas are 110 kph/68 mph on motorways, 90 kph/56 mph on major roads and 70 kph/43 mph on minor roads. In built-up areas the speed limit is 50 kph/31 mph.

It is compulsory for the driver and front-seat passenger and back-seat passengers to wear seatbelts. Dipped headlights are compulsory at all times – even during the day! You must also carry a red warning triangle with you.

There is a good road network in Sweden, and the size of the country in relation to its population (159,000 square miles for 8 million people, compared to Britain's 55 million squashed into 89,000 square miles!) means that the roads are usually uncrowded. The notion of the joys of motoring can begin to make sense again as you travel across the wide open spaces.

Petrol stations are mostly self-service ('Tanka Själv'). Many of them have automatic pumps which are operated by banknotes so that you can fill up at any time of day or night. These petrol stations are called 'Sedel Automat' and accept notes of 10 or 100 Swedish kronor. Petrol is of course sold in litres and comes at 98, 96 and 93 octane ratings (4, 3 and 2 star).

Parking fines are high in Sweden, so be sure to park only on the right hand side of the road (*i.e.* not pointing against the flow of traffic).

A final warning: DO NOT DRINK AND DRIVE. The Swedes are extremely cautious in relation to drinking and driving. Random police checks are very common, especially on Friday and Saturday nights. If you are found to be over the legal limit (which is far, far lower than in the U.K.) you lose your driving licence and might end up in prison. Two cans of beer will put you well over the limit. So if, say, you've been to a traditional 'kräft- or surströmmingsskiva' (crayfish and fermented herring party) take a taxi home or sleep on the floor. Remember that even the morning after might find you in an unfit state to drive.

Petrol stations in general have shorter opening hours than we are used to and the distances between them are greater.

SOME COMMON ROAD SIGNS

anslutning	junction
begränsad parkering	restricted parking
bensin	petrol
bensinstation	petrol station
centrum	town centre
cirkulationsplats	roundabout
cykelväg	cycle path
dålig vägbeläggning	bad road surface
ej ingång/infart	no entry
ej motorfordon	no motor vehicles
ej utgång/utfart	no exit
enkelriktad gata	one-way street
fara	danger
farlig korsning/kurva	dangerous junction/bend
fotgängare	pedestrians
fotgängare håll till vänster	pedestrians keep to the left
förbud mot infart med fordon	no entry for vehicles
första hjälp	first aid
gågata	pedestrian precinct
gångtunnel	subway
huvudled	main road
håll till höger/vänster	keep to the right/left
högsta tillåtna hastighet ... km	speed limit ... kph
infart, ingång	entrance
järnvägskorsning	level crossing

→

kör sakta	drive slowly
lämna företräde	give way
långsamt	slow
motorväg	motorway
mötande trafik	oncoming traffic ahead
mötesplats	passing place
ojämn vägyta	uneven surface
omkörning förbjuden	no overtaking
omväg	detour
parkering	car park
parkering förbjuden	no parking
privat väg	private road
rastplats	rest/picnic area
servicestation	service station
se upp	caution
skola	school
slut på motorväg	end of motorway
släck strålkastarna	headlights off
slå på strålkastarna	headlights on
stenskott	loose stones
tillträde förbjudet	no trespassing
tjälskott	road damaged by frost
tull	customs
utfart, utgång	exit
varnas för tåg	beware of the trains
varning	beware
verkstad	garage, auto repairs
vägarbete	roadworks
vägkorsning	crossroads
vägomläggning	diversion
vändplats för tunga fordon	lorries turning
övergång boskap	cattle crossing

USEFUL WORDS AND PHRASES

automatic	automatväxlad	*ah-ootomaht-vexlad*
boot	baklucka(n)	*bahk-lewcka*
brake	broms(en)	*bromss*
breakdown	motorstopp	*mOOtor-stopp*
car	bil(en)	*beel*
caravan	husvagn(en)	*hEWss-vangn*
clutch	koppling(en)	*koppling*
crossroads	vägkorsning(en)	*vaigkorshning*
to drive	köra	*churra*
engine	motor(n)	*mOOtor*
exhaust	avgasrör(et)	*ahvgahss-rurr*
fanbelt	fläktrem(men)	*flektrem*
garage		
(for repairs)	en verkstad	*vairkstahd*
(for petrol)	en bensinstation	*bensseen-stashOOn*
gear	växel(n)	*vexel*
gears	växlar(na)	*vexlar*
junction		
(motorway)	en anslutning	*anslewtning*
licence	körkort(et)	*churrkoort*
lights *(head)*	strålkastare(na)	*strawlkastareh*
(rear)	baklyktor(na)	*bahk-lEWktoor*
lorry	lastbil(en)	*lastbeel*
manual	manuell	*mahnewell*
mirror	backspegel(n)	*backspaygel*
motorbike	motorcykel(n)	*mOOtorsEWkel*
motorway	motorväg(en)	*mOOtorvaig*
number plate	registreringsnummer (-numret)	*reyistrayringss-newmer*
petrol	bensin(en)	*bensseen*
power steering	servostyrning(en)	*sairvostEWrning*
road	väg(en)	*vaig*
to skid	slira	*sleera*
spares	reservdelar(na)	*ressairv-daylar*
speed	hastighet(en)	*hastighayt*

speed limit	maximihastighet	*maximihastighayt*
speedometer	hastighetsmätare(n)	*hastighayts-maitareh*
steering wheel	ratt(en)	*ratt*
to tow	bogsera	*boogssayra*
traffic lights	trafikljus(et)	*trafeek-yEWss*
trailer	släpvagn(en)	*slaipvangn*
tyre	däck(et)	*deck*
van	paketbil(en)	*pahkayt-beel*
wheel	hjul(et)	*yEWl*
windscreen	vindruta(n)	*vindrEWta*

I'd like some petrol/oil/water
Jag skulle vilja ha bensin/olja/vatten`
yah skewleh vilya hah bensseen/olya/vatten

Fill her up please!
Full tank, tack
fewl tank, tack

I'd like 10 litres of petrol
Jag skulle vilja ha tio liter bensin
yah skewleh vilya hah teeoo leeter bensseen

Would you check the tyres please?
Var snäll och kolla däcken
vahr snell ock kolla decken

Where is the nearest garage?
Var ligger närmaste verkstad?
vahr ligger nairmasteh vairkstahd

How do I get to ...?
Hur kommer jag till ...?
hEWr kommer yah till

Is this the road to ...?
Är det här den rätta vägen till ...?
ay day hair dayn retta vaigen till

DIRECTIONS YOU MAY BE GIVEN

rakt fram	go straight on
till vänster	on/to the left
tag av till vänster	turn left
till höger	on/to the right
tag av till höger	turn right
tag av till höger vid första tvärgatan	take the first turning on the right
tag av till vänster vid andra tvärgatan	take the second turning on the left
kör förbi ...	drive past the ...

Do you do repairs?
Gör ni reparationer?
yurr nee repahrashOOner

Can you repair the clutch?
Kan ni laga kopplingen?
kan nee lahga kopplingen

How long will it take?
Hur länge dröjer det?
hEWr lengeh drur-yer day

There's something wrong with the engine
Det är något fel på motorn
day ay nawgot fayl paw mOOtorn

The engine is overheating
Motorn överhettas
mOOtorn urverhettass

I need a new tyre
Jag behöver ett nytt däck
yah behurver ett nEWtt deck

Where can I park?
Var kan jag parkera?
vahr kan yah parkayra

Can I park here?
Kan jag parkera här?
kan yah parkayra hair

I'd like to hire a car
Jag skulle vilja ha en hyrbil
yah skewleh vilya hah ayn hEWrbeel

Is there a mileage charge?
Är det någon kilometeravgift?
ay day nawgon chilomayter-ahvyift

YOU MAY BE ASKED

Vill du ha en automatväxlad bil eller en bil med manuell växling?
Would you like an automatic or a manual?

Får jag se körkortet?
May I see your licence?

THINGS YOU'LL SEE

98/96/93 oktan bensin	4/3/2 star petrol
allmän väg upphör	end of public road
bensin	petrol
bensinmack/bensinstation	petrol station
bilbärgning	car recovery service
biltvätt	car wash
bilverkstad	garage, auto repairs
blyfri bensin	lead-free petrol
dieselolja	diesel
däcktryck	tyre pressure
högoktanig	4 star, high octane
ingång	entrance
krypfil	crawler lane
kö	queue
motorväg	motorway
motorväganslutning	motorway junction
olja	oil
parkering förbjuden	no parking
P-hus	multi-storey carpark
reparation	repair
sedel automat	banknote-operated petrol pump
tanka själv	self-service
utgång	exit
vatten	water
vindrutetorkare	windscreen wiper
vägarbete	roadworks
vägomläggning	diversion

RAIL TRAVEL

Swedish State Railways (SJ – Statens Järnvägar), whose fares are among the cheapest in Europe, provide a comfortable, clean and efficient network of services. Almost all long-distance trains have a restaurant car or buffet.

For some trains – those marked with an 'R' or 'IC' in the timetable – you will need a seat reservation. Children up to 16 years old pay half fare and children under 6 pay nothing at all.

An attractive offer from SJ is the Nordic Railpass or 'Nordturist'. This is a 21-day ticket which entitles you to unlimited travel in Sweden, Norway, Denmark and Finland at a considerably reduced rate.

USEFUL WORDS AND PHRASES

booking office	biljettkontor(et)	*bilyettkontOOr*
buffet	byffé(n)	*bEWffay*
carriage	vagn(en)	*vangn*
compartment	kupé(n)	*kEWpay*
connection	förbindelse(n)	*furrbindelsseh*
dining car	restaurangvagn(en)	*restawrang-vangn*
emergency brake	nödbroms(en)	*nurdbromss*
engine	lok(et)	*lOOk*
entrance	ingång(en)	*ingawng*
exit	utgång(en)	*EWtgawng*
first class	första klass	*furshta klass*
to get in	stiga på	*steega paw*
to get out	stiga av	*steega ahv*
guard	konduktör(en)	*kondewkturr*
left luggage	resgodsinlämning(en)	*rayssgoodss-inlemning*
lost property	hittegodsinlämning(en)	*hittehgoodss-inlemning*
luggage rack	bagagehylla(n)	*bagahsh-hEWlla*
luggage trolley	en bagagekärra(n)	*bagahsh-cherra*
luggage van	godsvagn(en)	*goodssvangn*

platform	ett spår	*spawr*
rail	räls(en)	*relss*
railway	järnväg(en)	*yairnvaig*
reserved seat	en reserverad plats	*ressairvayrad plats*
restaurant car	restaurangvagn(en)	*restawrang-vangn*
return ticket	en tur och retur- biljett	*tEWr ock retEWr- bilyett*
seat	en plats	*plats*
second class	andra klass	*andra klass*
single ticket	en enkel biljett	*enkel bilyett*
sleeping car	sovvagn(en)	*sawv-vangn*
station	station(en)	*stashOOn*
station master	stationsinspektör(n)	*stashOOns-inspekturr*
ticket	en biljett	*bilyett*
ticket collector	konduktör(en)	*kondewkturr*
timetable	en tidtabell	*teedtahbell*
tracks	skenor(na)	*shaynoor*
train	tåg(et)	*tawg*
waiting room	väntsal(en)	*ventsahl*
window	fönster (fönstret)	*furnster*

When does the train for ... leave?
När avgår tåget till ...?
nair ahvgawr tawget till

When does the train from ... arrive?
När ankommer tåget från ...?
nair ankommer tawget frawn

When is the next train to ...?
När avgår nästa tåg till ...?
nair ahvgawr nesta tawg till

When is the first train to ...?
När avgår första tåget till ...?
nair ahvgawr furshta tawget till

When is the last train to ...?
När avgår sista tåget till ...?
nair ahvgawr sista tawget till

What is the fare to ...?
Vad kostar biljetten till ...?
vah kostar bilyetten till

Do I have to change?
Måste jag byta tåg?
mawsteh yah bEWta tawg

Does the train stop at ...?
Stannar tåget i ...?
stannar tawget ee

How long does it take to get to ...?
Hur lång tid tar resan till ...?
hEWr lawng teed tahr rayssan till

A single/return ticket to ... please
En enkel biljett/tur och returbiljett till ... tack
ayn enkel bilyett/tEWr ock retEWrbilyett till ... tack

Do I have to pay a supplement?
Måste jag betala extra?
mawsteh yah betahla extra

I'd like to reserve a seat
Jag skulle vilja beställa en plats
yah skewleh vilya bestella ayn plats

I'd like a Nordic Railpass for two people
Jag skulle vilja ha ett Nordturist-kort för två personer
yah skewleh vilya hah ett nordtEWreest-koort furr tvaw pairshOOner

Is this the right train for ...?
Går det här tåget till ...?
gawr day hair tawget till

Is this the right platform for the ... train?
Är det här rätt spår för tåget till ...?
ay day hair rett spawr furr tawget till

Which platform for the ... train?
Från vilket spår går tåget till ...?
frawn vilket spawr gawr tawget till

Is the train late?
Är tåget försenat?
ay tawget furshaynat

Could you help me with my luggage please?
Kan jag få hjälp med bagaget, tack?
kan yah faw yelp med bagahshet, tack

Is this a non-smoking compartment?
Är det här en kupé för icke rökare?
ay day hair ayn kEWpay furr ickeh rurkareh

Is this seat free?
Är den här platsen ledig?
ay dayn hair platsen laydig

This seat is taken
Den här platsen är upptagen
dayn hair platsen ay ewptahgen

I have reserved this seat
Den här platsen är reserverad
dayn hair platsen ay ressairvayrad

May I open/close the window?
Får jag öppna/stänga fönstret?
fawr yah urpna/stenga furnstret

When do we arrive in ...?
När kommer vi till ...?
nair kommer vee till

What station is this?
Vilken station är den här?
vilken stashOOn ay dayn hair

Do we stop at ...?
Stannar vi i ...?
stannar vee ee

Would you keep an eye on my things for a moment?
Kan du hålla ett öga på mina väskor en stund?
kan dEW holla ett urga paw meena veskoor ayn stewnd

Is there a restaurant car on this train?
Har det här tåget en restaurangvagn?
hahr day hair tawget ayn restawrangvangn

THINGS YOU'LL SEE OR HEAR

ankomst	arrival(s)
avgående tåg	departing trains
avgång	departure(s)
biljetter, biljettkontor	tickets, ticket office
dricksvatten	drinking water
dörrarna stängs automatiskt	doors close automatically
effektförvaring	left luggage
ej dricksvatten	not drinking water
endast vardagar	weekdays only
fraktgods	freight
förbjudet att luta sig ut genom fönstret	do not lean out of the window
försening	delay
hittegodsinlämning	lost property
icke rökare	non-smokers
ingång	entrance
järnvägsstation	railway station
ledig	vacant
lokaltåg	local train
missbruk åtalas	penalty for misuse
nödbroms	emergency brake
platsbeställning	reservations
resa	journey
resgodsinlämning	left luggage
rälsbuss	small local train
rökare	smokers
rökning förbjuden	no smoking
SJ (Statens Järnvägar)	Swedish national railways
snälltåg	express train
sovvagn	sleeping car
spår	platform
spärr	ticket barrier

stannar inte i ...	does not stop in ...
sön- och helgdagar	Sundays and public holidays
T-centralen	central underground station
tidningskiosk	newspaper kiosk
tidtabell	timetable
till spåren	to the platforms
till tågen	to the trains
tillträde förbjudet	no entry
tillägg	supplement
upptagen	engaged
utgång	exit
utländsk valuta	currency exchange
utom söndagar	Sundays excepted
vagn	carriage
väntsal	waiting room

Se upp
Attention

Biljetterna, tack
Tickets please

Ni måste betala tillägg
You have to pay a supplement

Ni måste ha platsbiljett
You have to have a seat reservation

Ni måste byta i ...
You have to change at ...

Tåget är tio minuter försenat
The train is ten minutes late

AIR TRAVEL

Regular direct flights from the UK to Stockholm, Gothenburg and Malmö link up with domestic air services to more than 30 destinations all over Sweden.

Look out for the special cheap 'mini fares' on selected domestic flights every day of the week. Special family rates are also available, as are cheaper rates for OAP's and young people aged under 26.

USEFUL WORDS AND PHRASES

aircraft	flygplan(et)	*flEWgplahn*
air hostess	en flygvärdinna	*flEWgvairdinna*
airline	flygbolag(et)	*flEWgbOOlahg*
airport	flygplats(en)	*flEWgplats*
airport bus	flygbuss(en)	*flEWgbewss*
aisle	gång(en)	*gawng*
arrival	ankomst(en)	*ankomst*
baggage claim	resgodsutlämning(en)	*rayssgoods-EWtlemning*
boarding card	ett embarkeringskort	*embahrkayrings-koort*
check-in	check-in	*check-in*
check-in desk	check-in disk(en)	*check-in disk*
customs	tull(en)	*tewll*
delay	försening(en)	*furshayning*
departure	avgång(en)	*ahvgawng*
departure lounge	avgångshall(en)	*ahvgawngshall*
emergency exit	nödutgång(en)	*nurdEWtgawng*
flight	flyg(et)	*flEWg*
flight number	flygnummer (-numret)	*flEWgnewmer*
gate	utgång(en)	*EWtgawng*
internal	inrikes	*inreekess*
international	utrikes	*EWtreekess*
jet	jetplan(et)	*yetplahn*
to land	landa	*landa*

long-distance flight	utrikesflyg	*EWtreekess-flEWg*
passport	pass(et)	*pass*
passport control	passkontroll(en)	*passkontroll*
pilot	pilot(en)	*peelOOt*
plane	plan(et)	*plahn*
runway	start-och landingsbana(n)	*start-ock-landnings-bahna*
seat	en plats	*plats*
seat belt	säkerhetsbälte(t)	*saikerhayts-belteh*
steward	en steward	*steward*
stewardess	en flygvärdinna	*flEWgvairdinna*
take-off	start(en)	*start*
window	fönster (fönstret)	*furnster*
wing	vinge(n)	*vingeh*

When is there a flight to ...?
När går det ett plan till ...?
nair gawr day ett plahn till

What time does the flight to ... leave?
När avgår planet till ...?
nair ahvgawr plahnet till

Is it a direct flight?
Är det ett direkt flyg?
ay day ett deerekt flEWg

Do I have to change planes?
Måste jag byta plan?
mawsteh yah bEWta plahn

When do I have to check in?
När måste jag checka in?
nair mawsteh yah checka in

41

I'd like a single ticket to ...
Jag skulle vilja ha en enkel biljett till ...
yah skewleh vilya hah ayn enkel bilyett till

I'd like a return ticket to ...
Jag skulle vilja ha en tur och returbiljett till ...
yah skewleh vilya hah ayn tEWr ock retEWrbilyett till

I'd like a non-smoking seat please
Kan jag få en plats för icke rökare?
kan yah faw ayn plats furr ickeh rurkareh

I'd like a window seat please
Kan jag få en fönsterplats?
kan yah faw ayn furnsterplats

How long will the flight be delayed?
Hur mycket försenat är flyget?
hEWr mEWkeh furshaynat ay flEWget

Which gate for the flight to ...?
Vilken utgång har flyget till ...?
vilken EWtgawng hahr flEWget till

When do we arrive in ...?
När kommer vi till ...?
nair kommer vee till

May I smoke now?
Kan jag röka nu?
kan yah rurka nEW

I don't feel very well
Jag mår inte riktigt bra
yah mawr inteh riktigt brah

THINGS YOU'LL SEE OR HEAR

ankomst	arrivals
avgång	departures
direktflyg	direct flight
flyg	flight
flygplan	aircraft
flygvärdinna	stewardess
flytväst under sätet	life-jacket under seat
försening	delay
icke rökare	non-smokers
inrikes	domestic, internal
landning	landing
Linjeflyg	Swedish domestic airline
lokaltid	local time
mellanlandning	intermediate stop
nödlandning	emergency landing
nödutgång	emergency exit
passagerare	passengers
passkontroll	passport control
reguljärt flyg	scheduled flight
resgodsutlämning	baggage claim
rökning förbjuden	no smoking
spänn fast säkerhetsbältet	fasten seat belt
start-och landningsbana	runway
tull	customs
utgång	gate
utrikes	international

Avgång med flyg nummer ... till ...
Flight number ... for ... is now boarding

Passagerarna bedes vänligen gå ombord genom utgång nummer ...
Passengers are kindly requested to board through gate number ...

LOCAL TRANSPORT, BUS & BOAT

There is an excellent network of express bus services linking the major towns in southern and central Sweden. In northern Sweden there is a postal bus service. These buses, known as 'postbussar', deliver mail to remote parts of this vast area and also carry passengers. Travelling by postal bus is an inexpensive and entertaining way to see the Swedish countryside. In the south the equivalent to postal buses are the SJ buses.

In Stockholm you can travel on the underground or 'Tunnelbana' which links the centre of the city with its suburbs. You can buy books of 20 coupons or special one-day and three-day tourist tickets, which are available all year round. These are also valid for the city bus network. Using a normal ticket you can travel around town, changing from bus to underground and back again, for a period of one hour from the time when the ticket was stamped.

In Gothenburg (Göteborg, pronounced *yurtehbory*) you can still travel by tram.

You find taxis at stands marked 'Taxi' or you can hail them in the street. Taxi drivers expect a tip equivalent to 10% of the fare.

Along the Swedish coastline there are thousands of picturesque islands, many of which have regular boat services connecting them with the mainland. You can also travel by steamer on the lakes and inland waterways.

For visitors to Stockholm there is a season ticket called a 'båtluffarkort' *[bawtlooffarkoort]* entitling you to a fortnight's unlimited travel on the city's white archipelago boats. This archipelago or 'skärgården' *[shairgawrden]*, a unique feature of Stockholm, is a huge expanse of some 24,000 islands where the Stockholmers have their weekend retreats and holiday houses. The lakes, rivers and coastal archipelagoes are part of Sweden's uniqueness: don't miss the many opportunities of getting to know them by boat.

USEFUL WORDS AND PHRASES

adult	en vuxen	*vewxen*
boat	båt(en)	*bawt*
book of tickets	biljetthäfte(t)	*bilyett-hefteh*
bus	buss(en)	*bewss*
bus station	busstation(en)	*bewss-stashOOn*
bus stop	busshållplats(en)	*bewsshawllplats*
child	ett barn	*bahrn*
coach	buss(en)	*bewss*
conductor	konduktör(en)	*kondewkturr*
connection	förbindelse(n)	*furrbindelseh*
cruise	en kryssning	*krEWssning*
driver	förare(n)	*furrareh*
fare	biljettpris(et)	*bilyettpreess*
ferry	färja(n)	*fairya*
lake	sjö(n)	*shur*
network map	en vägkarta	*vaigkahrta*
number 5 bus	buss nummer fem	*bewss newmer fem*
passenger	en passagerare	*passahshayrareh*
port	hamn(en)	*ham-n*
quay	kaj(en)	*kah-y*
river	flod(en)	*flOOd*
sea	hav(et)	*hahv*
seat	en plats	*plats*
ship	fartyg(et)	*fahrtEWg*
subway	en gångtunnel	*gawngtewnel*
taxi	en taxi	*taxi*
terminus	terminal(en)	*tairminahl*
ticket	en biljett	*bilyett*
tram	spårvagn(en)	*spawrvagn*
underground	tunnelbana(n)	*tewnel-bahna*

Where is the nearest underground station?
Var ligger närmaste tunnelbanestation?
vahr ligger nairmasteh tewnelbahneh-stashOOn

Where is the bus station?
Var ligger busstationen?
vahr ligger bewss-stashOOnen

Where is there a bus stop?
Var ligger närmaste busshållplats?
vahr ligger nairmasteh bewss-hawllplats

Which buses go to ...?
Vilka bussar går till ...?
vilka bewssar gawr till

How often do the buses/boats to ... run?
Hur ofta går det bussar/båtar till ...?
hEWr ofta gawr day bewssar/bawtar till

Would you tell me when we get to ...?
Kan du säga till när vi kommer till ...?
kan dEW saya till nair vee kommer till

Do I have to get off yet?
Skall jag stiga av här?
ska yah steega ahv hair

How do you get to ...?
Hur kommer jag till ...?
hEWr kommer yah till

Is it very far?
Är det mycket långt dit?
ay day mEWkeh lawngt deet

I want to go to ...
Jag vill åka till ...
yah vill awka till

Do you go near ...?
Kör ni i närheten av ...?
churr nee ee nairhayten ahv

I'd like a one-day ticket/three-day ticket
Kan jag få en 1-dagsbiljett/3-dagarsbiljett
kan yah faw ayn ayndahgsbilyett/traydahgarsbilyett

I'd like a book of twenty coupons
Kan jag få ett häfte med tjugo kuponger
kan yah faw ett hefteh med chEWgoo kEWponger

A season ticket for the archipelago please
En säsongbiljett för skärgårdsbåtarna, tack
ayn saissongbilyett furr shairgawrdssbawtarna tack

Could you close/open the window?
Kan ni vara snäll och stänga/öppna fönstret?
kan nee vahra snell ock stenga/urpna furnstret

Could you help me get a ticket?
Kan ni hjälpa mig att köpa en biljett?
kan nee yelpa may att churpa ayn bilyett

When does the last bus leave?
När går den sista bussen?
nair gawr dayn sista bewssen

Where can I get a taxi?
Var kan jag få tag på en taxi?
vahr kan yah faw tahg paw ayn taxi

Can you wait for me here and take me back?
Var snäll och vänta på mig här och kör mig sedan tillbaka
vahr snell ock venta paw may hair ock churr may saydan tillbahka

47

THINGS YOU'LL SEE

ankomst	arrival
avgång	departure
barn	children
betala	to pay
biljett	ticket
biljetthäfte för tunnel-banan	book of underground tickets
biljetthäfte med tjugo bussbiljetter	book of 20 bus tickets
biljettkontrollör	ticket inspector
bussförare	driver
byta	to change
ej ingång/utgång	no entry/exit
fullsatt	full
hamn	harbour
ingång	entrance
ingång framifrån/bakifrån	entry at the front/rear
nästa hållplats	next stop
nödutgång	emergency exit
platser	seats
rutt	route
rökning förbjuden	no smoking
samtal med föraren förbjudet	do not speak to the driver
sittplatser	seats
ståplatser	standing room
taxistation	taxi rank
T-bana	underground
tidtabell	timetable
tunnelbanan	underground
utgång	exit
utgång bak	exit at the rear
vuxna	adults

RESTAURANTS

The Swedes eat early. Lunch starts around 11.30 and dinner from 5.00 p.m. Restaurants range from the expense-account variety to smallish cafeterias. Look out for the 'dagens rätt' *[dahgens rett]*, the special dish of the day, which includes a main course, salad, soft drink and coffee. The service charge is always included in the bill, so any additional tipping is up to you.

You should try the traditional 'smörgåsbord' *[smurrgawssboord]* but, to do it justice, choose a day when you have a hearty appetite. You start off with herring or some other salt fish, move on to cold meats and salads and after this it will be time to try the hot dishes. Although there is no dessert as such, you can finish off with cheeses and fruit – if you can still manage it.

In most towns you'll find fast food outlets serving hamburgers and pizzas. A typical Swedish institution is the 'korvkiosk', a hot-dog stand, open very late, serving different varieties of hamburgers and hot dogs.

Beer is Sweden's favourite drink and it comes in three categories: 'lättöl' *[letturl]* which is class I, the weakest; 'mellanöl *[mellanurl]* or 'folköl' *[follkurl]* which is class II and the most popular; and 'starköl' *[starkurl]* which is class III and the strongest. 'Snaps' is an aquavit flavoured with various herbs and drunk ice-cold.

If you are not in a restaurant, alcoholic beverages – apart from 'lättöl' which can be bought from grocery shops – are sold only by state-controlled shops called 'Systembolaget' *[sEWstaymboolahget]*. You have to be at least 20 years old in order to be able to shop in these.

USEFUL WORDS AND PHRASES

beer	en öl	*url*
bill	nota(n)	*nOOta*
bottle	en flaska	*flaska*
cake	tårta(n)	*tawrta*

chef	kock(en)	*kock*
coffee	kaffe(t)	*kaffeh*
cup	kopp(en)	*kopp*
fork	gaffel(n)	*gaffel*
glass	ett glas	*glahss*
knife	kniv(en)	*k-neev*
menu	meny(n),	*menEW,*
	matsedel(n)	*mahtsaydel*
milk	mjölk(en)	*m-yurlk*
plate	tallrik(en)	*tallreek*
receipt	kvitto(t)	*kvitto*
sandwich	en smörgås	*smurrgawss*
serviette	en servett	*sairvett*
snack	matbit(en)	*mahtbeet*
soup	soppa(n)	*soppa*
spoon	sked(en)	*shayd*
sugar	socker(et)	*socker*
table	ett bord	*bOOrd*
tea	te(et)	*tay*
teaspoon	tesked(en)	*tayshayd*
tip	dricks(en)	*dricks*
waiter	hovmästare(n)	*hawvmestareh*
waitress	servitris	*sairvitreess*
water	vatten(et)	*vatten*
wine	vin(et)	*veen*
wine list	vinlista(n)	*veenlista*

A table for one please
Kan jag få ett bord för en person, tack?
kan yah faw ett bOOrd furr ayn pairsh<u>OO</u>n, tack

A table for two please
Kan jag få ett bord för två, tack?
kan yah faw ett bOOrd furr tvaw, tack

Can I see the menu?
Kan jag få se matsedeln, tack?
kan yah faw say mahtsaydeln, tack

Can I see the wine list?
Kan jag få se vinlistan, tack?
kan yah faw say veenlistan, tack

What would you recommend?
Vad kan ni rekommendera?
vah kan nee rekommendayra

I'd like ...
Jag skulle vilja ha ...
yah skewleh vilya hah

Just a cup of coffee, please
Bara en kopp kaffe, tack
bahra ayn kopp kaffeh, tack

Waiter/waitress!
Hovmästarn/fröken!
hawvmestahrn/frurken

I only want a snack
Jag vill bara ha en liten bit mat
yah vill bahra hah ayn leeten beet maht

Is there a set menu?
Har ni en dagens rätt?
hahr nee ayn dahgens rett

I didn't order this
Jag beställde inte det här
yah bestelldeh inteh day hair

May we have some more ...?
Kan vi få litet mer av ...?
kan vee faw leeteh mayr ahv

Could I have another knife please? *(a different one)*
Kan jag få en annan kniv, tack?
kan jah faw ayn annan k-neev, tack

(an extra one)
Kan jag få en kniv till, tack?
kan jah faw en k-neev till, tack

Can we have the bill, please?
Kan vi få notan?
kan vee faw nOOtan

Can we pay together/separately?
Kan vi betala tillsammans/var för sig?
kan vee betahla tillsammans/vahr furr say

The meal was very good, thank you
Det var mycket gott, tack
day vahr mEWkeh gott, tack

YOU MAY HEAR

Vad får det vara att dricka?
What would you like to drink?

Smaklig måltid
Enjoy your meal

MENU GUIDE

abborre	perch
aladåb	fish or meat in aspic
ananas	pineapple
and	wild duck
anka	duck
ansjovis	anchovies
ansjovisfräs (gubbröra)	anchovies fried with hard-boiled eggs and onions
apelsin	orange
apelsinris	sweet rice pudding with oranges
aprikos	apricot
bakad potatis	baked potatoes
bakelse	cake, pastry, tart
banan	banana
barkis (bergis)	French loaf sprinkled with poppy seeds
beckasin	snipe
biff	beef
biff à la Lindström	beefburgers containing potato, egg, cream and beetroot
biffgryta	beef casserole
biff med lök	beef with onions
biffpaj	beef pie
biff Rydberg	diced, lightly fried steak served with fried onions and raw egg yolks
bigarrå	white-heart cherries
björnbär	blackberries, brambles
björnstek	roast bear
blekselleri	celery
blodpudding	black pudding
blomkål	cauliflower
blomkålspuré	cauliflower purée
blåbär	bilberries
blåkokt forell	poached trout
braxen	bream
bruna bönor	brown beans
bruna bönor med fläsk	baked brown beans with bacon
brylépudding	caramel custard

brynt vitkålssoppa	white cabbage soup
brysselkål	Brussels sprouts
bräckt bacon	quick-fried bacon
bräckt lax	lightly fried salmon
bräckt skinka	quick-fried ham
bräserad fiskfilé	braised fillet of fish
bröd	bread
buljong	consommé
bullar	buns, rolls
bärkompott	stewed berries
bärkräm	berry compote
bärpaj	berry pie
bärsoppa	berry soup
böckling	smoked Baltic herring
böcklinglåda	buckling oven-baked in milk with dill and onions
bönor	beans
champinjonsoppa	cream of mushroom soup
chokladmousse	chocolate mousse
chokladpudding	chocolate pudding
citronfromage	lemon blancmange
citronsoufflé	lemon soufflé
curryhöns	chicken curry
dadlar	dates
dillkött	veal in a dill sauce
druvor	grapes
duva	pigeon
entrétallrik	entrée
falukorv	fried pork sausage
fasan	pheasant
fasangryta	pheasant casserole
fastdagssemlor	Lenten buns with marzipan and fresh cream
fattiga riddare	toast dipped in eggs and milk, fried and served with jam
fikon	figs
fisk	fish
fiskaladåb	fish in aspic
fiskbullar	fish balls
fiskbullsgryta	fishball casserole

fiskfärs	minced fish
fiskgratäng	fish au gratin
fiskgryta	fish casserole
fisk i kapprock	fish baked in foil
fiskpudding	fish pudding
fisksoppa	fish soup
fisksufflé	fish soufflé
flundra	flounder
fläsk	pork
fläskfilé	fillet of pork
fläskfärsrulader	roulades of minced pork
fläskkorv	spicy boiled pork sausage
fläskkotlett	pork chop
fläskpannkaka	pancake filled with pork
fläskrulader	pork roulades
fläskstek	joint of pork
forell	trout
franskbröd (rundstycken)	French rolls
fransk omelett	French omelette
frikadeller	forcemeat balls
friterade fiskfiléer	fish fillets in batter
friterad potatis	fried potatoes, chips
frukostflingor	cereal
fruktkompott	stewed fruit
fruktsallad	fruit salad
fullkornsbröd	wholemeal bread
fyllda stekta äpplen	stuffed roast apples
förlorat ägg	poached egg
gaffelbitar	herring titbits
getost	goat's cheese
glaserad skinka	glazed ham
glasmästarsill	salt herring marinated with horseradish and carrots
glass	ice cream
glassbomb	ice cream bomb
glass med maräng	ice cream with meringue
glögg	mulled wine
grahamsbröd	brown bread
grapefrukt	grapefruit
gratinerade fiskbullar	fish balls au gratin

gratinerad löksoppa	onion soup au gratin
gravad lax	raw spiced salmon
gravad strömming	raw spiced herring
gravlax	raw spiced salmon
griljerad skinka	glazed ham
grillad korv	grilled sausage
grillad oxfilé	grilled fillet of beef
grillad T-benstek	grilled T-bone steak
grillat revbensspjäll	grilled spare-ribs
gräslök	chives
gröna ärter	green peas
grönkål	kale
grönkålssoppa	kale soup
grönsaker	vegetables
grönsakssoppa	vegetable soup
grönsallad	lettuce
grön ärtpuré	green pea purée
gul lök	yellow onion
gurka	cucumber
gås	goose
gädda	pike
gädda med pepparrot	pike with horseradish
gös	pike-perch
hallon	raspberries
hamburgare	hamburger
hare	hare
hasselbackspotatis	sliced oven-roast potatoes
hasselnötter	hazelnuts
helstekt entrecote	whole roast entrecote
helstekt fläskfilé	whole roast fillet of pork
helstekt oxfilé	whole roast fillet of beef
hjortron	cloudberries, orange-coloured wild brambles
hovdessert (marängsviss)	meringue layered with whipped cream and melted plain chocolate
hummer	lobster
hälleflundra	halibut
hönsfrikassé	chicken fricassee
hönsgryta	chicken casserole
hönssoppa	chicken soup

inbakad oxfilé	fillet of beef in pastry
inkokt fisk	cold boiled fish
inkokt kummel	cold boiled hake
inkokt strömming	cold boiled Baltic herring
inkokt ål	cold boiled eel
inlagda rödbetor	pickled beetroot
inlagd gurka	pickled gherkins
inlagd sill	marinated salt herring
isterband	lightly smoked sausage, made from barley, pork and lard
Janssons frestelse	layers of potato, onion and anchovies baked in cream
jordgubbar	strawberries
jordärtskockspuré	artichoke purée
jos	juice
järpe	hazel-grouse
kaffe	coffee
kalkon	turkey
kallskuret	cold meats
kalops	beef stew
kalvbräss	calves' sweetbreads
kalvfilé	fillet of veal
kalvfilé florentine	fillet of veal on a bed of spinach
kalvfilé Oscar	fillet of veal topped with an asparagus and lobster sauce
kalvfricassé	veal fricassee
kalvgryta	veal stew
kalvlever	calf's liver
kalvrulader	veal roulades
kalvschnitzel	veal cutlet
kalvstek	joint of veal
kalvsylta	calves' brawn
kanin	rabbit
kantarellstuvning	thick chanterelle sauce
karp	carp
kassler	smoked tenderloin of pork
katrinplommon	prunes
kavring	pumpernickel-type bread
kiwifrukt	kiwi fruit
knäckebröd	crispbread

kokosnöt	coconut
kokt	boiled, poached
kokta majskolvar	corn on the cob
kokt fläskkorv	boiled pork sausage
kokt paltbröd	boiled black pudding
kokt potatis	boiled potatoes
kokt ris	boiled rice
kokt torsk/kolja	poached cod/haddock
kokt varmkorv	boiled sausage
kokt ägg	boiled egg
kolja	haddock
korv	sausage
korvgryta	sausage casserole
korvkaka	oven-baked sausage and oatmeal dish
korvlåda	sliced baked sausages
kotlett	cutlet, chop
krabba	crab
kronärtskockor	artichokes
kroppkakor	potato dumplings stuffed with chopped pork
krusbär	gooseberries
kryddost	cheese with caraway seeds
kräftor	crayfish
kummel	hake
kyckling	chicken
kycklinglever	chicken liver
kål	cabbage
kåldolmar	cabbage rolls stuffed with mince and rice
kålpudding	cabbage and mince pudding
kålrötter	swedes
kålsoppa	cabbage soup
körsbär	cherries
köttbullar	meatballs
köttfärs	minced beef
köttfärslimpa	minced beef loaf
köttfärsrulader	roulades of minced beef
köttgryta	beef casserole
köttsoppa	clear beef soup with meat and vegetables

lake	burbot
lammfricassé	lamb fricassee
lammsadel	saddle of lamb
lammstek	joint of lamb
lapskojs	lobscouse, beef stew with diced potatoes
lax	salmon
laxpudding	layers of salmon and potatoes baked in the oven
laxöring	sea trout
legymsallad	green vegetable salad
lever	liver
leverbiff	sliced fried liver
levergryta	liver casserole
leverpastej	liver paté
lingon	cowberries, small red sour berries (also called lingonberries)
lingonsylt	cowberry jam
lussekatt	'Lucia' buns made with saffron, eaten on the morning of December 13th ('Lucia' day)
lutfisk	dried fish, soaked in lye and cooked
lättöl	weak beer
löjrom	roe from small whitefish
lök	onion
lövbiff	sliced beef fried with onions
majs	maize, sweet corn
makaroner	macaroni
makrill	mackerel
mald leverbiff	hamburger made of minced liver
margarin	margarine
marängsviss (hovdessert)	meringue layered with whipped cream and melted plain chocolate
matjessill	a type of salt herring
mellanöl	medium-strength beer
mesost	sweet brown cheese
mjukost	soft white cheese
mjöl	flour
mjölk	milk
morkulla	woodcock

morötter	carrots
murkla	morel, wrinkled dark brown mushroom
musslor	mussels
nejonögon	lampreys
njure	kidneys
njursauté	sautéed kidneys
nyponsoppa	rose-hip soup
nässelsoppa	nettle soup
nötter	nuts
olja	oil
orre	blackcock
ost	cheese
ostbricka	cheese board
ostron	oysters
oststänger	cheese sticks
oxfilé	fillet of beef
oxragu	beef ragout
oxrulader	rolled beef with stuffing
oxstek	joint of beef
oxsvanssoppa	oxtail soup
palsternacka	parsnip
paltbröd	black pudding
pannbiff	beefburger
pannkakor	pancakes
paprika	green or red pepper
paprikasallad	salad of chopped peppers
peppar	pepper
pepparkakor	ginger biscuits
pepparrotskött	boiled beef with horseradish sauce
persika	peach
piggvar	turbot
plommon	plum
plommonspäckad fläskkarré	loin of pork with prunes
plättar med sylt	small pancakes with jam
polkagrisar	peppermint candy sticks
pommes frites	chips
potatis	potatoes
potatismos	mashed potatoes
potatissallad	potato salad

pressad potatis	puréed potatoes
prinskorv	mini sausages
purjolök	leek
pyttipanna	hash of meat, potato and onion
pärlhöna	guinea fowl
päron	pears
pölsa	barley and meat hash
rabarber	rhubarb
rabarberkompott	stewed rhubarb
rabarberkräm	creamed rhubarb
rabarbersoppa	rhubarb soup
raggmunkar	potato pancakes
rapphöns	partridge
renkött	reindeer
renstek	joint of reindeer
revbensspjäll	spare ribs
rimmad fläsklägg	knuckle of salted pork
rimmad skinka	salted ham
ripa	ptarmigan
ris	rice
ris à la Malta	rice pudding with whipped cream and jam
risgrynsgröt	rice porridge, typical Christmas dish
risgrynspudding	rice pudding
rostat bröd	toast
rostbiff	rare roast beef
rotmos	mashed turnips
russin	raisins
råbiff	steak tartare
rådjursstek	joint of roedeer
rågbröd	rye bread
rårivna morötter	grated carrots
räkomelett	shrimp omelette
räkor	shrimps
räksallad	shrimp salad
röda vinbär	redcurrants
rödbetor	beetroot
röding	char
rödkål	red cabbage
rödlök	red onion

rödspätta	plaice
rödvin	red wine
rökt	smoked
rökt forell	smoked trout
rökt lax	smoked salmon
rökt makrill	smoked mackerel
rökt renkött	smoked reindeer
rökt sik	smoked whitefish
rökt ål	smoked eel
saftkräm	fruit juice thickened with potato flour
saftsoppa	fruit soup, similar to 'saftkräm' but not as thick
salt	salt
saltgurka	salt gherkin
salt sill	salt herring
sardiner	sardines
savarin	trifle-like dessert
savojkål	savoy cabbage
schalottenlök	shallot
selleri	celery
sellerikål	celeriac
senap	mustard
senapssill	salt herring in mustard sauce
sik	whitefish
sikrom	whitefish roe
sill	herring
sillbullar	herring fish cakes
sillgratäng	herring au gratin
sillpudding	herring soufflé
sillsallad	herring salad
silltallrik	a selection of various herrings
sjömansbiff	beef, onions and potatoes casseroled in beer
skorpor	rusks
skånsk kryddsill	Skåne spiced herring
slottsstek	pot roast with anchovies, brandy and syrup
slätvar	brill
smultron	wild strawberries

småbröd	sweet biscuits
små köttbullar	small meatballs
småländsk ostkaka	a sort of baked, set whey-custard flavoured with almond and eaten hot
smältost	soft mild processed cheese
smör	butter
smörgås	sandwich
smörgåsbord	the famous Scandinavian buffet table laden with a variety of fish, meat, salads and cheeses
sniglar	snails
socker	sugar
sodavatten	soda water
soppa	soup
sotare	tench
spaghetti (med köttfärssås)	spaghetti in a minced beef sauce
sparris	asparagus
sparrisomelett	asparagus omelette
sparrissoppa	cream of asparagus soup
spenat	spinach
spenatsoppa	spinach soup
sprängd anka	salt duck
sprängd gås	salt goose
squash	pumpkin
starköl	strong beer
stekt	fried, roast
stekt and	roast wild duck
stekt anka	roast duck
stekt duva	roast pigeon
stekt falukorv	fried pork sausage
stekt fasan	roast pheasant
stekt fläsk	roast pork
stekt fläskkotlett	fried pork chop
stekt gås	roast goose
stekt hare	roast hare
stekt kyckling	roast chicken
stekt potatis	roast potatoes
stekt sill	fried herring
stekt strömming	fried Baltic herring

stekt ägg	fried egg
strömming	Baltic herring
strömmingsflundror	fillets of Baltic herring stuffed with parsley
strömmingslåda	Baltic herring oven baked in milk with dill and onions
stuvade makaroner	macaroni in a white sauce
stuvad lake	poached burbot in a white sauce
stuvad potatis	potatoes in a white sauce
stuvad spenat	spinach poached in a white sauce
surkål	sauerkraut
surstek	marinated roast beef
surströmming	fermented Baltic herring
svampgratinerad oxfilé	fillet of beef and mushrooms au gratin
svarta vinbär	blackcurrants
svartsoppa	black soup made of goose blood
syltomelett	sweet omelette with jam
te	tea
tjäder	capercailzie
tomat	tomato
tomatsoppa	cream of tomato soup
torsk	cod
tranbär	cranberries
tunga	tongue
tårta	gateau
ugnsbakad skinka	oven-baked ham
ugnskokt fiskfilé	oven-baked fillet of fish
ugnspannkaka	thick oven-baked pancake
ugnsstekt revbensspjäll	roast spare-ribs
valnöt	walnuts
vetebröd	tea loaf
vin	wine
vingelé	currant jelly
vinkokt	cooked in wine
vinkokt sjötunga	sole cooked in wine
vispgrädde	whipped cream
vitkål	white cabbage
vitkålssallad	white cabbage salad
vitling	whiting

vitlök	garlic
vitt formbröd	white (British-style) bread
vitt matbröd	white bread
vitt vin	white wine
våfflor	waffles
västkustsallad	west coast salad, shellfish salad
Wallenbergare	veal hamburgers
wienerbröd	Danish pastry
wienerkorv	frankfurter-style sausage
ål	eel
åkerbär	arctic brambles
ångkokt salt sill	steamed salt herring
ägg	egg
äggröra	scrambled eggs
älg	elk
älgstek	joint of elk
äppelkräm	apple compote
äppelmos	apple purée
äpple	apple
äpplekaka med vaniljsås	apple crumble with vanilla sauce
ärter	peas
ärtsoppa	(yellow) pea soup
ättika	vinegar
ättikssill	soused herring
ättiksströmming	soused Baltic herring
öl	beer

SHOPPING

Shops in Sweden are generally open between 9.30 a.m. and 6.00 p.m. except on Saturdays when they close at 1.00 p.m. Certain department stores and supermarkets in the major cities stay open until 8.00 – 10.00 p.m. and some are also open on Sundays.

If you are in Stockholm, a delightful way of spending an afternoon is to browse around the shops in the cobbled streets of 'Gamla Stan', the Old Town. You'll find an array of smart boutiques, craft and antique shops interspersed with art galleries. Beware, you might be tempted!

Value-added tax or 'moms' is put on all products and services. This tax will, however, be refunded to visitors who buy in shops displaying the sign 'tax free shopping' (in English). The shop assistant will write out a cheque for the VAT amount (around 20%) which you can then cash at any tax-free service counter at the airport, ferry port or border crossing when leaving Sweden.

USEFUL WORDS AND PHRASES

audio equipment	hi-fi-affär	*high-fee-affair*
baker	bageri(et)	*bahgeree*
bookshop	bokhandel(n)	*bOOkhandel*
butcher	slaktare(n)	*slaktareh*
to buy	köpa	*churpa*
cake shop	konditori(et)	*konditoree*
cheap	billig	*billig*
chemist	apotek(et)	*apotayk*
colour prints	färgfoton	*fairy-footon*
colour slides	färgfilm för diapositiv	*fairyfilm furr deeapossiteev*
craft shop	hemslöjdsaffär(en)	*hemslurydss-affair*
department store	varuhus(et)	*vahrewhEWss*
expensive	dyr	*dEWr*
fashion	mode(t)	*mOOdeh*

66

fishmonger	fiskhandel(n)	*fiskhandel*
florist	blomsterhandel(n)	*blomsterhandel*
grocer	speceriaffär(en)	*spesseree-affair*
ironmonger	järnhandel(n)	*yairnhandel*
ladies' wear	damkonfektion(en)	*dahmkonfekshOOn*
menswear	herrkonfektion(en)	*herrkonfekshOOn*
newsagent	tidningskiosk(en)	*teednings-cheeosk*
photography shop	fotoaffär(en)	*footo-affair*
receipt	kvitto(t)	*kvitto*
sale	rea,	*raya,*
	realisation(en)	*rayalissashOOn*
to sell	sälja	*selya*
shoe shop	skoaffär(en)	*skOO-affair*
shop	butik(en), affär(en)	*bewteek, affair*
to go shopping	shoppa	*shoppa*
souvenir shop	souvenirbutik(en)	*sooveneerbewteek*
special offer	specialerbjudande(t)	*spesseeahl-airb-yEWdandeh*
to spend	lägga ut	*legga EWt*
stationer	pappershandel(n)	*pappersh-handel*
supermarket	snabbköp(et)	*snabbchurp*
tailor	skräddare(n)	*skreddareh*
till	kassa(n)	*kassa*
toyshop	leksaksaffär(en)	*layksahks-affair*
travel agent	resebyrå(n)	*raysseh-bEWraw*

I'd like ...
Jag skulle vilja ha ...
yah skewleh vilya hah

Do you have ...?
Har du/ni ...?
hahr dEW/nee

How much is this?
Hur mycket kostar den här?
hEWr mEWkeh kostar dayn hair

67

Where is the ... department?
Var ligger ... avdelningen?
vahr ligger ... ahvdaylningen

Do you have any more of these?
Har du/ni fler av den här sorten?
hahr dEW/nee flayr ahv dayn hair sorten

Have you anything cheaper?
Finns det någonting billigare?
finnss day nawgonting billigareh

Have you anything larger/smaller?
Finns det någonting större/mindre?
finnss day nawgonting sturreh/mindreh

Does it come in other colours?
Finns den här i andra färger?
finnss dayn hair ee andra fairyer

Can I try it (them) on?
Kan jag få prova den (dem)?
kan yah faw prOOva dayn (dom)

Could you wrap it for me?
Kan du/ni slå in det, tack?
kan dEW/nee slaw in day, tack

Can I have a receipt?
Kan jag få ett kvitto, tack?
kan yah faw ett kvitto, tack

Can I have a bag please?
Kan jag få en påse, tack?
kan yah faw ayn pawsseh, tack

REPLIES YOU MAY BE GIVEN

Kan jag hjälpa dig?
Are you being served?

Har du några småpengar?
Have you any smaller money?

Vill du prova den?
Do you want to try it on?

Tyvärr är det slut på lagret
I'm sorry we're out of stock

Det här är allt vi har
This is all we have

Önskar du någonting annat?
Will there be anything else?

Är det bra så?
Is that everything?

Where do I pay?
Var kan jag betala?
vahr kan yah betahla

I'd like to change this please
Jag skulle vilja byta den här
yah skewleh vilya bEWta dayn hair

Can I have a refund?
Kan jag få pengarna tillbaka?
kan yah faw pengarna tillbahka

SHOPPING

I'm just looking
Jag ser mig bara omkring
yah sayr may bahra omkring

I'll come back later
Jag kommer tillbaka senare
yah kommer tillbahka saynareh

THINGS YOU'LL SEE OR HEAR

att hyra	to rent
avdelning	department
bageri	bakery
betalas i kassan	pay at the desk
billig	cheap
blomsterhandel	florist's
bokhandel	bookshop
damavdelning	ladies' department
damkonfektion	ladies' clothing
ej kreditkort	no credit cards accepted
fynd	bargain
får ej vidröras	please do not touch
färsk	fresh
glasstånd	ice cream stall
grönsaker	vegetables
hemslöjd	craft goods
herrkonfektion	menswear
husgeråd	domestic appliances
hälsokostaffär	health food store
konditori	cake shop
kvalité	quality
körsnär	fur shop
leksaker	toys

→

livsmedel	groceries
lägre botten	lower floor
mode	fashion
musikhandel	music shop
möbler	furniture
nedsatt	reduced
pappershandel	stationer
porslin	china
pris	price
rabatt	reduction
rea	sale
rengöringsmedel	household cleaning materials
resebyrå	travel agent
självbetjäning	self-service
skoaffär	shoe shop
slaktare	butcher
snabbköp	supermarket
sommarrea	summer sale
specerier	groceries
specialerbjudande	special offer
tag köbricka	take a queue number
tidningskiosk	newsagent
till salu	for sale
tobaksaffär	tobacconist
tyvärr kan vi inte ge er pengarna tillbaka	we cannot give cash refunds
urmakare	watchmaker
utförsäljes	must be sold
utsåld	sold out
varuhus	department store
var vänlig tag en shoppingvagn/korg	please take a trolley/basket
vrakpriser	prices slashed
övre våningen	upper floor

AT THE HAIRDRESSER

Always make an appointment in advance, either by phone or in person. You'll find hairdressers in the local yellow pages or 'yrkesregister' *[EWrkess-reyister]* under 'damfriseringar' (for ladies) and 'herrfrisörer' (for men). Standards are high – and so are the prices.

USEFUL WORDS AND PHRASES

beard	skägg(et)	*shegg*
blond	blond	*blond*
brush	borste(n)	*borshteh*
comb	kam(men)	*kam*
conditioner	hårbalsam(en)	*hawrbalssahm*
curlers	papiljotter(na)	*papilyotter*
curling tongs	locktång(en)	*locktawng*
curly	lockig	*lockig*
dark	mörk	*murrk*
fringe	pannlugg(en)	*pannlewgg*
gel	frisyrgelé(t)	*frissEWr-shelay*
hair	hår(et)	*hawr*
haircut	klippning(en)	*klippning*
hairdresser	hårfrisör(en)	*hawrfrissurr*
hairdryer	hårtork(en)	*hawrtork*
hair lotion	hårvatten (-vattnet)	*hawrvatten*
hairpin	hårnål(en)	*hawrnawl*
hair slide	hårspänne(t)	*hawrspenneh*
highlights	ljusa slingor	*yEWssa slingor*
long	lång	*lawng*
moustache	mustasch(en)	*mewstahsh*
parting	bena(n)	*bayna*
perm	en permanent	*pairmanent*
plait	fläta(n)	*flaita*
shampoo	tvättning(en)	*tvettning*
shave	rakning(en)	*rahkning*

shaving foam	rakkräm(en)	*rahk-kraim*
short	kort	*kort*
styling mousse	hårläggningsskum(met)	*hawrleggnings-skewm*
wavy	vågig	*vawgig*
wig	peruk(en)	*pairEWk*

I'd like to make an appointment
Jag skulle vilja beställa tid
yah skewleh vilya bestella teed

Just a trim please
Putsa bara litet, tack
pewtsa bahra leeteh, tack

Not too much off
Klipp inte för mycket
klipp inteh furr mEWkeh

A bit more off here please
Klipp lite mer här
klipp leeteh mayr hair

I'd like a cut and blow-dry
Jag skulle vilja bli klippt och fönad
yah skewleh vilya blee klippt ock furnad

I'd like a perm
Jag skulle vilja ha en permanent
yah skewleh vilya hah ayn pairmanent

I'd like highlights
Jag skulle vilja ha ljusa slingor
yah skewleh vilya hah yEWssa slingoor

73

THINGS YOU'LL SEE OR HEAR

barberare	barber
damfrisering	ladies' salon
frisersalong	hairdressing salon
färgning	dyeing
färgsköljning	colour rinse
föning	blow dry
herrfrisör	barber's
hårfrisör	hairdresser
läggning	set
permanent	perm
rakning	shave
toning	tint
torr	dry
tvättning	wash
tvättning och läggning	wash and set

Hur vill du ha det?
How would you like it?

Är det tillräckligt kort?
Is that short enough?

Vill du ha litet hårbalsam?
Would you like any conditioner?

SPORT

In the summer Sweden's favourite sports are golf, tennis, cycling, sailing, sailboarding, swimming and fishing. You'll find plenty of facilities for sports all around the country. You might be surprised to hear that, apart from Britain, Sweden is the biggest golfing nation in Europe.

The uncrowded roads with their special cycle lanes make Sweden the perfect country for a cycling holiday. A particular favourite with cyclists is the Baltic island of Gotland.

Walking on Sweden's uncrowded long-distance paths in the forests and especially in the northern mountains is an experience not to be missed. There are many marked hiking trails or 'vandringsled' *[vandringsslayd]* ranging from afternoon walks to month-long expeditions. You'll find them all over the country, from Skåne in the south to Lapland in the north. And, because of the 'allemansrätten' *[alleh-manssretten]* – every person's right to enter private land – you can walk just about anywhere.

Fishing permits are necessary in most areas, and are easily and cheaply available at local shops and tourist offices showing the sign 'Fiskekort' *[fiskehkoort]*.

The Swedes invented orienteering – 'orientering' *[oree-entayring]* – and they and the Finns still dominate international competitions. Almost all countryside leisure areas, 'friluftsområden' *[freeloofts-omrawden]*, have one or more courses laid out; just pick up a map at the start and try to find your way through the forest – as fast or as slowly as you like.

In winter Sweden has excellent facilities for both downhill and cross-country skiing. You'll find floodlit tracks all over the country where you can ski after dark. You can generally count on good skiing conditions from December/January until the end of March.

Long-distance ice skating on the frozen lakes is very popular in the winter – even in the middle of Stockholm. Skating in winter can be a thrilling experience, gliding along the frozen inland waterways or on the Baltic Sea, where you can go for miles, with or without a sail! If this sounds too wild for you then there is plenty of conventional skating on ice rinks.

Top spectator sports are football in summer and ice hockey in winter. If you want to watch sports with a difference, why not go to the trotting races or, in winter, watch a game of bandy – a national variation on ice hockey (shinty on ice!).

USEFUL WORDS AND PHRASES

athletics	friidrott(en)	*free-idrott*
badminton	badminton	*bádminton*
ball	en boll	*boll*
beach	en sandstrand	*sandstrand*
bicycle	en cykel	*sEWkel*
canoe	en kanot	*kanOOt*
canoeing	paddling(en)	*paddling*
cross-country skiing	(terräng)skidåkning(en)	*(terreng)sheedawkning*
cycle lane	cykelväg(en)	*sEWkelvaig*
cycling trip	en cykeltur	*sEWkeltEWr*
deckchair	en vilstol	*veelstOOl*
diving board	en trampolin	*trampoleen*
face mask	ett cyklopöga	*sEWklopurga*
fishing	fiske(t)	*fiskeh*
fishing rod	ett metspö	*maytspur*
flippers	simfötter(na)	*simfurter*
football	fotboll(en)	*fOOtboll*
football match	en fotbollsmatch	*fOOtbollsmatch*
golf	golf(en)	*golf*
golf clubs	golfklubbor(na)	*golfklobbor*
golf course	en golfbana	*golfbahna*
gymnastics	gymnastik(en)	*yEWmnasteek*
hockey stick	en hockeyklubba	*hockeyklobba*
ice hockey	ishockey(n)	*eess-hockey*
ice rink	skridskobana(n)	*skreedskoobahna*
to go jogging	jogga	*yogga*
lake	sjö(n)	*shur*

76

mountaineering	bergsbestigning(en)	*bairy-besteegning*
orienteering	orientering(en)	*oree-entayring*
oxygen bottles	syrgasbehållare(n)	*sEWrgahss-behawlareh*
racket	en tennisracket	*tennisracket*
riding	ridning(en)	*ridning*
rowing boat	en roddbåt	*roodbawt*
to run	springa	*springa*
sailboard	segelbräda(n)	*saygelbraida*
sailing	segling(en)	*saygling*
sand	sand(en)	*sand*
sea	hav(et)	*hahv*
to skate	åka skridskor	*awka skreedskOOr*
skates	skridskor(na)	*skreedskOOr*
to ski	åka skidor	*awka sheedor*
skiing	skidåkning(en)	*sheedawkning*
(downhill)	utförsåkning(en)	*ewtfurshawkning*
skin diving	sportdykning(en)	*sportdEWkning*
skis	skidor	*sheedor*
snorkel	en snorkel	*snorkel*
stadium	stadion(et)	*stahdeeon*
sunshade	ett parasoll	*pahrassoll*
to swim	simma	*simma*
swimming pool	en simbassäng	*simbasseng*
tennis	tennis(en)	*tennis*
tennis court	en tennisplan	*tennisplahn*
tennis racket	en tennisracket	*tennisracket*
tent	ett tält	*telt*
toboggan	kälke(n)	*chelkeh*
trotting races	travsport(en)	*trahvsport*
volleyball	volleyboll(en)	*volleeboll*
walking	vandring(en)	*vandring*
to water ski	åka vattenskidor	*awka vattensheedoor*
water skis	vattenskidor(na)	*vattensheedoor*
wave	en våg	*vawg*
wet suit	en våtdräkt	*vawtdrekt*
yacht	en segelbåt	*saygelbawt*

How do I get to the beach?
Hur kommer jag till stranden?
hEWr kommer yah till stranden

How deep is the water here?
Hur djupt är vattnet här?
hEWr yEWpt ay vattnet hair

Is there an indoor/outdoor pool here?
Finns här en simhall/simbassäng?
finnss hair ayn simhall/simbasseng

Is it safe to swim here?
Kan man bada här utan risk?
kan man bahda hair EWtan risk

Can I fish here?
Kan jag fiska här?
kan yah fiska hair

Do I need a licence to fish?
Behöver jag fiskekort?
behurver yah fiskehkoort

I would like to hire a bike
Jag skulle vilja hyra en cykel
yah skewleh vilya hEWra ayn sEWkel

Is there a floodlit skiing track nearby?
Finns det ett upplyst skidspår i närheten?
finnss day ett ewplEWsst sheedspawr ee nairhayten

How much is a weekly pass for the skilift?
Hur mycket kostar en veckobiljett för skidliften?
hEWr mEWkeh kostar ayn veckobilyett furr sheedliften

I'd like to try cross-country skiing
Jag skulle vilja försöka mig på terrängskidåkning
jah skewleh vilya furshurka may paw terreng-sheedawkning

How much does it cost per hour/day?
Hur mycket kostar det per timme/dag?
hEWr mEWkeh kostar day pair timmeh/dahg

Where can I hire ...?
Var kan jag hyra ...?
vahr kan yah hEWra

THINGS YOU'LL SEE

att hyra	for hire
biljetter	tickets
cykelväg	cycle path
cyklar	bicycles
dykning förbjuden	no diving
farlig is	dangerous ice
fiske förbjudet	no fishing
fiskekort	fishing permit
fotbollsplan	football pitch
friluftsområde	countryside park
första hjälp	first aid
gångstig	footpath
hamn	port
kapplöpningsbana	race course
linbana	cable car
motionsslinga	jogging trail
ro	to row
sandstrand	beach
segelbåtar	sailing boats
simning förbjuden	no swimming
skidlift	ski lift
skidspår	ski trail
småbåtshamn	marina
sporthall	sports centre
stadion	stadium
stig	footpath
tennisbana	tennis court
tältning förbjuden	no camping
varnas för svag is	danger: thin ice
vattensport	water sports

POST OFFICES AND BANKS

Swedish post offices are open from 9.00 a.m. to 6.00 p.m. Monday to Friday. The post office at Stockholm's main railway station ('Centralstationen') is open from 7.00 a.m. to 9.00 p.m. Monday to Friday, and from 9.00 a.m. to 1.00 p.m. on Saturdays. They are all closed on Sundays.

Post offices can be identified by a yellow sign showing a blue horn with a crown on top. Letter boxes are yellow.

You can also buy stamps at stationers or 'pappershandeln', at bookstalls or tobacconists, and also at most hotels and at any place selling postcards. Post offices handle only mail. For telephone, telex and telegram services you have to go to a 'Tele' office.

Banks are open from 9.30 a.m. to 3.00 p.m. Monday to Friday. In some larger cities a few stay open until 6.00 p.m. All banks are closed on Saturdays – except for the bank at Arlanda (Stockholm) airport which is open daily from 7.00 a.m. to 10.00 p.m. Foreign currency can also be changed at larger hotels or at special booths in department stores, but a bank will give you a better exchange rate.

The main unit of Swedish currency is the crown or 'krona' (plural: 'kronor' *[kronOOr]*. The 'krona' is divided into 100 'öre' *[urreh]*. Coins come in 10 and 50 öre and 1 and 5 kronor. There are notes for 10, 50, 100 and 1,000 kronor.

USEFUL WORDS AND PHRASES

airmail	luftpost(en)	*lewftposst*
bank	bank(en)	*bank*
banknote	sedel(n)	*saydel*
cash desk	kassa(n)	*kassa*
to change	växla	*vexla*
cheque	check(en)	*check*
collection	tömning	*turmning*
counter	lucka(n)	*lewcka*
customs form	tulldeklaration(en)	*tewlldeklahrashOOn*

81

delivery	leverans(en)	*leveranss*
deposit	sätta in	*setta in*
exchange rate	växelkurs(en)	*vexelkewrsh*
form	blankett(en)	*blankett*
international	internationell	*internatshoonell*
money order	postanvisning(en)	*posstanveessning*
letter	brev(et)	*brayv*
letter box	brevlåda(n)	*brayvlawda*
mail	post(en)	*posst*
money order	postanvisning(en)	*posstanveessning*
package, parcel	paket(et)	*pakayt*
to post	posta	*possta*
postage rates	porto(t)	*porto*
postal order	postanvisning(en)	*posstanveessning*
postcard	postkort(et)	*posstkoort*
postcode	postnummer (-numret)	*posstnewmer*
poste-restante	poste restante	*post restant*
postman	brevbärare(n)	*brayvbairareh*
post office	postkontor(et)	*posstkontOOr*
pound sterling	ett pund	*pewnd*
registered letter	ett rekommenderat brev	*rekommendayrat brayv*
stamp	ett frimärke	*freemairkeh*
surface mail	vanlig post	*vahnlig posst*
traveller's cheque	en resecheck	*raysseh-check*

How much is a letter/postcard to ...?
Vad kostar ett brev/kort till ...?
vah kostar ett brayv/koort till

I would like three stamps at two kronor thirty
Jag skulle vilja ha tre två och trettio frimärken
yah skewleh vilya hah tray tvaw ock trettee freemairken

I want to register this letter
Jag skulle vilja skicka det här brevet rekommenderat
yah skewleh vilya shicka day hair brayvet rekommendayrat

I want to send this parcel to ...
Jag skulle vilja skicka det här paketet till ...
yah skewleh vilya shicka day hair pakaytet till

How long does the post to ... take?
Hur lång tid tar posten till ...?
hEWr lawng teed tahr possten till

This is to go airmail
Det här skall sändas med luftpost
day hair ska sendass med lewftposst

Where can I post this?
Var kan jag posta det här?
vahr kan yah possta day hair

Is there any mail for me?
Finns det någon post till mig?
finnss day nawgon posst till may

Can I cash these traveller's cheques?
Får jag lösa in de här resecheckarna?
fawr yah lurssa in dom hair raysseh-checkarna

YOU MAY BE ASKED

Finns det legitimation?
Do you have any identification?

83

I'd like to change this into ...
Jag skulle vilja växla det här till ...
yah skewleh vilya vexla day hair till

What is the exchange rate for the pound?
Vad är växelkursen för engelska pund?
vah ay vexelkewrshen furr engelska pewnd

THINGS YOU'LL SEE

adressat	addressee
alla slags ärenden	all types of business
avgift	charge
avsändare	sender
brev	letter
brevlåda	letter box
frimärken	stamps
fylla i	to fill in
inbetalningar	deposits
kassa	cashier
luftpost	airmail
ort	place
paket	packet
paketexpedition	parcels counter
porto	postage
porto inom landet	inland postage
porto utomlands	postage abroad
postanvisning	money orders
poste restante	poste-restante
postkontor	post office
postkort	postcard
postnummer	post code
rekommenderat	registered mail
resecheckar	traveller's cheques

→

trycksaker	printed matter
tömning	collection times
utbetalningar	payments, withdrawals
vikt högst	maximum weight
växelkontor	bureau de change
växelkurs	rate of exchange
öppettider	opening hours

TELEPHONES

There are plenty of glass-enclosed telephone boxes all over the country and you can also find telephones inside offices with the sign 'Tele' outside. Direct dialling is possible to the UK and the USA. To phone Britain dial 00944, wait for the dialling tone and then dial the number you want, omitting the first 0 of the area code. To call the USA dial 0091. You can make international calls to most countries from every phone box in Sweden.

When using a payphone insert either a 1 krona or a 5 kronor coin. If you hear the dialling tone again during your call, this is an instruction to feed in more coins if you wish to continue.

The general emergency telephone number in Sweden is 90 000. It can be dialled free of charge from any phone booth and covers ambulance and medical services, police and fire brigade.

USEFUL WORDS AND PHRASES

ambulance	ambulans(en)	*ambewlanss*
call	telefonsamtal(et)	*telefawn-samtahl*
to call	ringa	*ringa*
code	riktnummer (-numret)	*riktnewmer*
crossed line	fel på linjen	*fayl paw linyen*
to dial a number	slå ett nummer	*slaw ett newmer*
dialling tone	klarsignal(en)	*klahrsignahl*
emergency	nödfall	*nurdfall*
enquiries	förfrågning(en)	*furrfrawgning*
extension	anknytning(en)	*ank-nEWtning*
fire brigade	brandkår(en)	*brandkawr*
international call	internationellt samtal	*internatshoonellt samtahl*

number	nummer (numret)	*newmer*
operator	växel(n)	*vexel*
(in hotel)	telefonist(en)	*telefawneest*
pay-phone	allmän telefon	*allmen telefawn*
police	polis(en)	*poleess*
receiver	lur	*lEWr*
reverse charge	b-a samtal	*bay-ah samtahl*
call		
telegram	ett telegram	*telegram*
telephone	en telefon	*telefawn*
telephone box	en telefonkiosk	*telefawn-cheeosk*
telephone	telefonkatalog(en)	*telefawn-katalawg*
directory		
telex	ett telex	*telex*
wrong number	fel nummer	*fayl newmer*
yellow pages	yrkesregister	*EWrekess-reyister*

Where is the nearest phone box?
Var finns närmaste telefonkiosk?
vahr finnss nairmasteh telefawn-cheeosk

Is there a telephone directory?
Finns det en telefonkatalog?
finnss day ayn telefawn-katalawg

I would like the directory for ...
Jag skulle vilja ha en katalog över ...
yah skewleh vilya hah ayn katalawg urver

Can I call abroad from here?
Kan jag ringa utomlands härifrån?
kan yah ringa EWtomlandss haireefrawn

How much is a call to ...?
Hur mycket kostar ett samtal till ...?
hEWr mEWkeh kostar ett samtahl till

I would like to reverse the charges
Jag skulle vilja ha ett b-a samtal
yah skewleh vilya hah ett bay-ah samtahl

I'd like to send a telegram
Jag skulle vilja skicka ett telegram
yah skewleh vilya shicka ett telegram

I would like a number in ...
Jag skulle vilja ha ett nummer i ...
yah skewleh vilya hah ett newmer ee

Hello, this is ... speaking
Hallå, det här är ...
hallaw, day hair ay

Is that ...?
Är det ...?
ay day

Speaking
Det är jag
day ay yah

I would like to speak to ...
Kan jag få tala med ...?
kan yah faw tahla med

Extension ... please
Kan jag få anknytning ... tack
kan yah faw ank-nEWtning ... tack

Please tell him ... called
Var snäll och säg honom att ... har ringt
vah snell ock say honom att ... hahr ringt

Will you ask him to call me back?
Vill ni/du be honom ringa mig
vill nee/DEW bay honom ringa may

My number is ...
Mitt nummer är ...
mitt newmer ay

Do you know where he is?
Vet du var han är?
vayt DEW vahr han ay

When will he be back?
När är han tillbaka?
nair ay han tillbahka

Could you leave him a message?
Får jag lämna ett meddelande?
fawr yah lemna ett maydaylandeh

I'll ring back later
Jag ringer senare
yah ringer saynareh

Sorry, wrong number
Ursäkta, fel nummer
EWrshekta, fayl newmer

REPLIES YOU MAY BE GIVEN

Vem vill du tala med?
Who would you like to speak to?

Du har fått fel nummer
You've got the wrong number

Vem är det som talar?
Who's speaking?

Jag förenar
I'll put you through

Vilket nummer har du?
What is your number?

Tyvärr är han inte inne
Sorry, he's not in

Han kommer tillbaka klockan ...
He'll be back at ... o'clock

Ring på nytt i morgon
Please call again tomorrow

Jag skall meddela honom att du har ringt
I'll tell him you called

Tyvärr är alla linjer upptagna
Sorry, all lines are busy

Försök på nytt senare
Please try later

THINGS YOU'LL SEE

avgift	charges
direktval	direct dialling
felanmälning	faults service
information	enquiries
internationell	international
internationellt samtal	international call
i olag	out of order
lokalsamtal	local call
lyft luren	lift receiver
nödsamtal	emergency call
rikssamtal	long-distance call
riktnummer	code
Tele	public telephone office
telefonkiosk	telephone box

HEALTH

If a British subject falls ill in Sweden, medical treatment will be free due to a mutual agreement between the two countries. Others pay the full price, so be insured. If there's an emergency, dial 90 000 for an ambulance.

The 'apotek' or chemist's shop is open during normal shopping hours and in larger cities there are generally some chemists staying open late at night.

For dentists you will have to pay for part of the treatment. Larger cities supply a round-the-clock service.

USEFUL WORDS AND PHRASES

accident	en olycka	_OOlEWcka_
ambulance	en ambulans	_ambewlanss_
anaemic	anemisk	_anaymisk_
appendicitis	blindtarms-inflammation(en)	_blinndtahrmss-inflammashOOn_
appendix	blindtarm(en)	_blinndtahrm_
aspirin	ett aspirin	_aspeereen_
asthma	astma(n)	_astma_
backache	ryggont(et)	_rEWggoont_
bandage	ett förband	_furrband_
bite	bett(et)	_bett_
bladder	urinblåsa(n)	_ewreenblawssa_
blister	blåsa(n)	_blawssa_
blood	blod(et)	_blOOd_
blood donor	blodgivare(n)	_blOOd-yeevareh_
burn	brännsår(et)	_brennssawr_
cancer	kancer(n)	_kansser_
casualty department	akutmottagning(en)	_akEWt-mOOttahgning_
chemist	apotek(et)	_apotayk_
chest	bröstkorg(en)	_brurstkory_

chickenpox	vattkoppor(na)	*vattkoppoor*
cold	förkylning(en)	*furchEWlning*
concussion	hjärnskakning(en)	*yairnskakning*
constipation	förstoppning(en)	*furshtoppning*
contact lenses	kontaktlinser(na)	*kontaktlinsser*
corn	liktorn(en)	*leektorn*
cough	hosta(n)	*hoosta*
cut	skärsår(et)	*shairssawr*
dentist	tandläkare(n)	*tandlaikareh*
diabetes	sockersjuka(n)	*sockershEWka*
diarrhoea	diarré(n)	*dee-aray*
dizzy	yr	*EWrr*
doctor	doktor(n)	*doktor*
earache	örsprång(et)	*urrsprawng*
fever	feber(n)	*fayber*
filling	plomb(en)	*plomb*
first aid	första hjälp(en)	*furshta yelp*
flu	influensa(n)	*inflewenssa*
fracture	benbrott(et)	*baynbrott*
German measles	röda hund	*rurda hewnd*
glasses	glasögon(en)	*glahssurgon*
haemorrhage	blödning(en)	*blurdning*
hayfever	hösnuva(n)	*hursnEWva*
headache	huvudvärk(en)	*hEWvewdvairk*
heart	hjärta(t)	*yairta*
heart attack	hjärtinfarkt(en)	*yairtinfahrkt*
hospital	sjukhus(et)	*shEWkhEWss*
ill	sjuk	*shEWk*
indigestion	dålig matsmältning	*dawlig mahtsmeltning*
injection	spruta(n)	*sprEWta*
itch	klåda(n)	*klawda*
kidney	njure(n)	*n-yEWreh*
lump	knöl(en)	*k-nurl*
measles	mässling(en)	*messling*
migraine	migrän(en)	*meegrain*
mumps	påssjuka(n)	*pawss-shEWka*
nausea	illamående	*illa-mawendeh*

nurse	sjuksköterska(n)	*shEWkshurtairshka*
operation	operation(en)	*operashOOn*
optician	optiker(n)	*opteeker*
pain	smärta(n)	*smairta*
penicillin	penicillin	*penisillin*
plaster *(sticky)*	plåster (plåstret)	*plawster*
plaster of Paris	gips(en)	*yips*
pneumonia	lunginflammation(en)	*lewnginflammashOOn*
pregnant	gravid	*grahveed*
prescription	läkarrecept(et)	*laikar-ressept*
rheumatism	reumatism(en)	*reh-ewmatissm*
scald	brännsår(et)	*brennssawr*
scratch	skråma(n)	*skrawma*
smallpox	smittkoppor(na)	*smittkoppoor*
sore throat	halsfluss(en)	*halssflewss*
splinter	flisa(n)	*fleessa*
sprain	försträckning(en)	*furshtreckning*
sting	stick(et)	*stick*
stomach	mage(n)	*mahgeh*
temperature	feber(n)	*fayber*
tonsils	halsmandlar(na)	*halss-mandlar*
toothache	tandvärk(en)	*tandvairk*
travel sickness	åksjuka	*awkshEWka*
ulcer	magsår(et)	*mahgsawr*
vaccination	vaccinering(en)	*vakseenayring*
to vomit	kasta upp	*kasta ewp*
whooping cough	kikhosta(n)	*cheekhoosta*

I have a pain in ...
Jag har ont i ...
yah hahr oont ee

I don't feel well
Jag mår inte bra
yah mawr inteh brah

I feel faint
Jag känner mig matt
yah chenner may matt

I feel sick
Jag mår illa
yah mawr illa

I feel dizzy
Jag känner mig yr
yah chenner may EWrr

It hurts here
Det gör ont här
day yurr oont hair

It's a sharp pain
Det är en häftig smärta
day ay ayn heftig smairta

It's a dull pain
Det är en dov smärta
day ay ayn dOOv smairta

It hurts all the time
Det gör ont hela tiden
day yurr oont hayla teeden

It only hurts now and then
Det gör ont bara då och då
day yurr oont bahra daw ock daw

It hurts when you touch it
Det gör ont när man trycker på den
day yurr oont nair man trEWcker paw dayn

It hurts more at night
Det är värre på natten
day ay verreh paw natten

It stings
Det sticker
day sticker

It aches
Det värker
day vairker

I have a temperature
Jag har feber
yah hahr fayber

I need a prescription for ...
Kan doktorn skriva ut ett recept för ...
kan doktorn skreeva EWt ett ressept furr

I normally take ...
Vanligen tar jag ...
vahnligen tahr yah

I'm allergic to ...
Jag är allergisk mot ...
yah ay allairgisk mOOt

Have you got anything for ...?
Har du/ni någonting för ...?
hahr dEW/nee nawgonting furr

Do I need a prescription for ...?
Är ... receptbelagt?
ay ... ressept-belagd

I have lost a filling
Jag har tappat en plomb
yah hahr tappat ayn plomb

REPLIES YOU MAY BE GIVEN

Ta ... piller/tabletter åt gången
Take ... pills/tablets at a time

Med vatten
With water

Tugga dem
Chew them

En gång/två gånger/tre gånger om dagen
Once/twice/three times a day

Bara vid sängdags
Only when you go to bed

Vad för mediciner tar ni vanligen?
What do you normally take?

Ni borde konsultera en läkare
I think you should see a doctor

Tyvärr har vi inte det här
I'm sorry, we don't have that

Det är receptbelagt
For that you need a prescription

THINGS YOU'LL SEE

akutmottagning	casualty (department)
blodtryck	blood pressure
böld	abscess
första hjälp	first aid
första hjälpstation	first aid post
gift	poison
glasögon	glasses
jourhavande apotek	duty chemist
kontroll	check-up
läkare	doctor
läkarcentral	health centre
läkarrecept	prescription
mottagning	surgery
omskakas	shake well
optiker	optician
plomb	filling
på tom mage	on an empty stomach
röntgen	X-ray
sjukhus	hospital, clinic
spruta	injection
tandkött	gum
tandläkare	dentist
till utvärtes bruk	for external use
öron-, näs- och strupspecialist	ear, nose and throat specialist

CONVERSION TABLES

DISTANCES

Distances are marked in kilometres. To convert kilometres to miles, divide the km. by 8 and multiply by 5 (one km. being five-eighths of a mile). Convert miles to km. by dividing the miles by 5 and multiplying by 8. A mile is 1609m. (1.609km.). A Swedish mile ('mil') is 10km. and is equivalent to 6.7 English miles.

km.	miles or km.	miles
1.61	1	0.62
3.22	2	1.24
4.83	3	1.86
6.44	4	2.48
8.05	5	3.11
9.66	6	3.73
11.27	7	4.35
12.88	8	4.97
14.49	9	5.59
16.10	10	6.21
32.20	20	12.43
48.28	30	18.64
64.37	40	24.85
80.47	50	31.07
160.93	100	62.14
321.90	200	124.30
804.70	500	310.70
1609.34	1000	621.37

Other units of length:

1 centimetre	= 0.39 in.	1 inch	= 25.4 millimetres
1 metre	= 39.37 in.	1 foot	= 0.30 metre (30 cm.)
10 metres	= 32.81 ft.	1 yard	= 0.91 metre

CONVERSION TABLES

WEIGHTS

The unit you will come into most contact with is the kilogram (kilo), equivalent to 2 lb 3 oz. To convert kg. to lbs., multiply by 2 and add one-tenth of the result (thus, 6 kg x 2 = 12 + 1.2, or 13.2 lbs). One ounce is about 28 grams, and 1 lb is 454 g. One UK hundredweight is almost 51 kg; one USA cwt is 45 kg. One UK ton is 1016 kg (USA ton = 907 kg).

grams	ounces	ounces	grams
50	1.76	1	28.3
100	3.53	2	56.7
250	8.81	4	113.4
500	17.63	8	226.8

kg.	lbs. or kg.	lbs.
0.45	1	2.20
0.91	2	4.41
1.36	3	6.61
1.81	4	8.82
2.27	5	11.02
2.72	6	13.23
3.17	7	15.43
3.63	8	17.64
4.08	9	19.84
4.53	10	22.04
9.07	20	44.09
11.34	25	55.11
22.68	50	110.23
45.36	100	220.46

LIQUIDS

Motorists from the UK will be used to seeing petrol priced per litre (and may even know that one litre is about $1\frac{3}{4}$ pints). One 'imperial' gallon is roughly $4\frac{1}{2}$ litres, but USA drivers must remember that the American gallon is only 3.8 litres (1 litre = 1.06 US quart). In the following table, imperial gallons are used:

litres	gals. *or* l.	gals.
4.54	1	0.22
9.10	2	0.44
13.64	3	0.66
18.18	4	0.88
22.73	5	1.10
27.27	6	1.32
31.82	7	1.54
36.37	8	1.76
40.91	9	1.98
45.46	10	2.20
90.92	20	4.40
136.38	30	6.60
181.84	40	8.80
227.30	50	11.00

TYRE PRESSURES

lb/sq.in.	15	18	20	22	24
kg/sq.cm.	1.1	1.3	1.4	1.5	1.7

lb/sq.in.	26	28	30	33	35
kg/sq.cm.	1.8	2.0	2.1	2.3	2.5

CONVERSION TABLES

AREA

The average tourist isn't all that likely to need metric area conversions, but with more 'holiday home' plots being bought overseas nowadays it might be useful to know that 1 square metre = 10.8 square feet, and that the main unit of land area measurement is a hectare (which is $2\frac{1}{2}$ acres). The hectare is 10,000 sq.m. – for convenience, visualise something roughly 100 metres or yards square. To convert hectares to acres, divide by 2 and multiply by 5 (and vice-versa).

hectares	acres or ha.	acres
0.4	**1**	2.5
2.0	**5**	12.4
4.1	**10**	24.7
20.2	**50**	123.6
40.5	**100**	247.1

TEMPERATURE

To convert centigrade or Celsius degrees into Fahrenheit, the accurate method is to multiply the °C figure by 1.8 and add 32. Similarly, to convert °F to °C, subtract 32 from the °F figure and divide by 1.8. This will give you a truly accurate conversion, but takes a little time in mental arithmetic! See the table below. If all you want is some idea of how hot it is forecast to be in the sun, simply double the °C figure and add 30; the °F result will be overstated by a degree or two when the answer is in the 60-80°F range, while 90°F should be 86°F.

°C	°F	°C	°F	
-10	14	25	77	
0	32	30	86	
5	41	36.9	98.4	body temperature
10	50	40	104	
20	68	100	212	boiling point

CLOTHING SIZES

Slight variations in sizes, let alone European equivalents of UK/USA sizes, will be found everywhere so be sure to check before you buy. The following tables are approximate:

Women's dresses and suits

UK	10	12	14	16	18	20
Europe	**36**	**38**	**40**	**42**	**44**	**46**
USA	8	10	12	14	16	18

Men's suits and coats

UK/USA	36	38	40	42	44	46
Europe	**46**	**48**	**50**	**52**	**54**	**56**

Women's shoes

UK	4	5	6	7	8
Europe	**37**	**38**	**39**	**41**	**42**
USA	$5\frac{1}{2}$	$6\frac{1}{2}$	$7\frac{1}{2}$	$8\frac{1}{2}$	$9\frac{1}{2}$

Men's shoes

UK/USA	7	8	9	10	11
Europe	**41**	**42**	**43**	**44**	**45**

Men's shirts

UK/USA	14	$14\frac{1}{2}$	15	$15\frac{1}{2}$	16	$16\frac{1}{2}$	17
Europe	**36**	**37**	**38**	**39**	**41**	**42**	**43**

Women's sweaters

UK/USA	32	34	36	38	40
Europe	**36**	**38**	**40**	**42**	**44**

Waist and chest measurements

Inches	28	30	32	34	36	38	40	42	44	46
Cms	71	76	80	87	91	97	102	107	112	117

MINI-DICTIONARY

about: about 16 omkring sexton
accelerator gaspedal(en)
accident olycka(n)
accommodation rum(met), logi(et)
ache värk(en)
acid rain försurning(en)
adaptor *(electrical)* adapter(n)
address adress(en)
adhesive lim(met)
after efter
after-shave rakvatten (-vattnet)
again igen
against mot
air-conditioning luft-
  konditionering(en)
aircraft flygplan(et)
air freshener rumspray(en)
air hostess flygvärdinna(n)
airline flygbolag(et)
airport flygplats(en)
alarm clock väckarklocka(n)
alcohol alkohol(en)
all: all the streets alla gatorna
  that's all, thanks det var allt,
  tack
almost nästan
alone ensam
already redan
always alltid
am: I am jag är
ambulance ambulans(en)
America Amerika
American *(man)* amerikan(en)
  (woman) amerikanska(n)
  (adj) amerikansk
and och
ankle vrist(en)
anorak anorak(en)
another *(different)* annan

(extra) en ... till
another room ett annat rum
another coffee please en kopp
  kaffe till, tack
anti-freeze frostskyddsvätska(n)
antique shop antikvitetshandel(n)
antiseptic antiseptisk salva(n)
apartment lägenhet(en)
aperitif aperitif(en)
appetite aptit(en)
apple äpple(t)
application form ansöknings-
  blankett(en)
appointment tid(en)
apricot aprikos(en)
archipelago skärgård(en)
Arctic Circle polcirkel(n)
are: you are du/ni är
  we/they are vi/de är
arm arm(en)
arrive ankomma
art konst(en)
art gallery konstgalleri(et)
artist konstnär(en)
as: as soon as possible så snart
  som möjligt
ashtray askkopp(en)
asleep: he's asleep han sover
at: at the post office på posten
  at night på natten
  at 3 o'clock klockan tre
attractive attraktiv
aunt *(mother's side)* moster(n)
  (father's side) faster(n)
Australia Australien
Australian *(man)* australier(n)
  (woman) australiska(n)
  (adj) australisk
Austria Österrike

104

automatic automatisk
away: is it far away? är det
  långt borta?
  go away! försvinn!
awful hemsk
axe yxa(n)
axle axel(n)

baby baby(n)
back *(not front)* baksida(n)
  (of body) rygg(en)
  come back kom tillbaka
bacon bacon
  bacon and eggs bacon och ägg
bad dålig
bait bete(t)
bake baka
baker bagare(n)
balcony balkong(en)
ball *(sports etc)* boll(en)
ball-point pen kulspetspenna(n)
Baltic Sea Östersjön
banana banan(en)
band *(musicians)* musikkapell(et)
bandage bandage(t)
bank bank(en)
banknote sedel(n)
bar bar(en)
  a bar of chocolate en
  chokladkaka
barbecue grill(en)
barber's herrfrisör(en)
bargain fynd(et)
basement källare(n)
basin *(sink)* handfat(et)
basket korg(en)
bath bad(et)
  to have a bath bada
bathing hat badmössa(n)
bathroom badrum(met)
battery batteri(et)

beach strand(en)
beans bönor(na)
bear björn(en)
beard skägg(et)
because därför att
bed säng(en)
bed linen sängkläder(na)
bedroom sovrum(met)
beef oxkött(et)
beer öl(et)
before före
  before I go innan jag går
  never before aldrig förr
beginner nybörjare(n)
beginning början
behind bakom
beige beige
Belgian *(adj)* belgisk
Belgium Belgien
bell klocka(n)
below under
belt bälte(t)
beside bredvid
best bäst
better bättre
between mellan
bicycle cykel(n)
big stor
bikini bikini(n)
bilberries blåbär(en)
bill räkning(en)
bin liner soppåse(n)
birch björk(en)
bird fågel(n)
birthday födelsedag(en)
  happy birthday! har den äran
  (på födelsedagen)!
birthday present
  födelsedagsgåva(n)
biscuit småkaka(n)
bite *(verb)* bita
  (by animal) bett(et)

bitter bitter
black svart
blackberries björnbär(en)
blanket filt(en)
bleach *(verb: hair)* bleka
 (noun) blekmedel (-medlet)
blind *(cannot see)* blind
blister blåsa(n)
blizzard snöstorm(en)
blood blod(et)
blouse blus(en)
blue blå
blueberries blåbär(en)
boat båt(en)
body kropp(en)
boil *(verb)* koka
bolt *(verb)* regla
 (noun: on door) regel(n)
bone ben(et)
bonnet *(car)* motorhuv(en)
book *(noun)* bok(en)
 (verb) boka
booking office biljettlucka(n)
bookshop bokhandel(n)
boot *(car)* bagagelucka(n)
 (footwear) stövel(n)
border gräns(en)
boring tråkig
born: I was born ... jag föddes ...
both båda
both of them båda två
 both of us vi båda
 both ... and ... både ... och ...
bottle flaska(n)
bottle opener flasköppnare(n)
bottom botten (bottnet)
bowl skål(en)
box *(small)* ask(en)
 (large) låda(n)
boy pojke(n)
boyfriend pojkvän(nen)
bra bh, bysthållare(n)

bracelet armband(et)
braces hängslen(a)
brake *(noun)* broms(en)
 (verb) bromsa
brandy konjak(en)
bread bröd(et)
breakdown *(car)* motorstopp(et)
 (nervous) sammanbrott(et)
breakfast frukost(en)
breathe andas
 I can't breathe jag kan inte
 andas
bridge bro(n)
briefcase portfölj(en)
British brittisk
brochure broschyr(en)
broken bruten
 broken leg brutet ben
brooch brosch(en)
brother bror (brodern)
brown brun
bruise blåmärke(t)
brush *(hair etc)* borste(n)
 (painting) pensel(n)
 (verb) borsta
bucket hink(en)
building byggnad(en)
bumper stötfångare(n)
burglar inbrottstjuv(en)
burn *(verb)* bränna
 (noun) brännsår(et)
bus buss(en)
bus station busstation(en)
business affär(en)
 it's none of your business det
 angår dig inte
busy *(occupied)* upptagen
 (street) livligt trafikerad
 (bar) livlig
but men
butcher slaktare(n)
butter smör(et)

button knapp(en)
buy köpa
by: by the window vid fönstret
  by Friday senast på fredagen
  by myself ensam
  by Ingmar Bergman av
  Ingmar Bergman

cabbage kål(en)
cabin *(cottage)* stuga(n)
  (ship) hytt(en)
cable car linbana(n)
cafe kafé(et)
cagoule regnrock(en)
cake tårta(n)
calculator fickräknare(n)
call: what's it called? vad heter
  det?
camera kamera(n)
campsite campingplats(en)
camshaft kamaxel(n)
can *(tin)* burk(en)
  can I have ...? kan jag få ...?
  she can't ... hon kan inte ...
Canada Kanada
Canadian *(man)* kanadensare(n)
  (woman) kanadensiska(n)
  (adj) kanadensisk
canal kanal(en)
cancer kancer(n)
candle ljus(et)
canoe kanot(en)
cap *(bottle)* kapsyl(en)
  (hat) mössa(n)
car bil(en)
caravan husvagn(en)
carburettor förgasare(n)
card kort(et)
cardigan kofta(n)
careful försiktig
  be careful! var försiktig!

carpet matta(n)
carriage *(train)* vagn(en)
carrot morot(en)
carry-cot babylift(en)
case *(suitcase)* resväska(n)
cash kontanter(na)
  (coins) småpengar(na)
  to pay cash betala kontant
cassette kassett(en)
cassette player kassettspelare(n)
castle slott(et)
cat katt(en)
cathedral domkyrka(n)
cauliflower blomkål(en)
cave grotta(n)
cemetery kyrkogård(en)
centre centrum(et)
certificate intyg(et)
chair stol(en)
chambermaid städerska(n)
chamber music kammarmusik(en)
change *(noun: money)* småpengar(na)
  (verb: clothes, train etc) byta
  (verb: money) växla
cheap billig
cheers! skål!
cheese ost(en)
chemist *(shop)* apotek(et)
cheque check(en)
cheque book checkhäfte(t)
cherries körsbär(en)
chess schack
chest bröst(et)
chewing gum tuggummi(t)
chicken kyckling(en)
child barn(et)
children barn(en)
china porslin(et)
China Kina
Chinese *(man)* kines(en)
  (woman) kinesiska(n)
  (adj) kinesisk

CHI COU

chips pommes frites
chocolate choklad(en)
 a box of chocolates en ask choklad
chop *(food)* kotlett(en)
 (to cut) skära
Christian name förnamn(et)
church kyrka(n)
cigar cigarr(en)
cigarette cigarett(en)
cinema bio(n)
city storstad(en)
city centre centrum(et)
class klass(en)
classical music klassisk musik
clean ren
clear *(obvious, water etc)* klar
 is that clear? är det klart?
clever klok
clock klocka(n)
close *(near)* nära
 (stuffy) tryckande
 (verb) stänga
 the shop is closed butiken är stängd
clothes kläder(na)
club *(society)* klubb(en)
 (cards) klöver
clutch koppling(en)
coach buss(en)
 (of train) vagn(en)
coach station busstation(en)
coat *(women)* kappa(n)
 (men) rock(en)
coathanger klädhängare(n)
cockroach kackerlacka(n)
coffee kaffe(t)
coin slant(en)
cold *(illness)* förkylning(en)
 (adj) kall
 I'm cold jag fryser
collar krage(n)

collection *(stamps etc)* samling(en)
 (mailboxes) tömning(en)
colour färg(en)
colour film färgfilm(en)
comb *(noun)* kam(men)
 (verb) kamma
come komma
 I come from ... jag kommer från ...
 we came last week vi kom förra veckan
 come here! kom hit!
communication cord nödbroms(en)
compartment kupé(n)
complicated komplicerad
concert konsert(en)
conditioner *(hair)* hårbalsam(en)
conductor *(bus)* konduktör(en)
 (orchestra) dirigent(en)
congratulations! gratulerar!
constipation förstoppning(en)
consulate konsulat(et)
contact lenses kontaktlinser(na)
contraceptive preventivmedel (-medlet)
cook *(noun)* kock(en)
 (verb) koka
cooking utensils kokkärl(en)
cool kylig
Copenhagen Köpenhamn
cork kork(en)
corkscrew korkskruv(en)
corner hörn(et)
corridor korridor(en)
cosmetics kosmetika
cost *(verb)* kosta
 what does it cost? vad kostar det?
cotton bomull(en)
cotton wool vadd(en)
cough *(verb)* hosta
 (noun) hosta(n)
country land(et)

cousin kusin(en)
crab krabba(n)
craftshop hemslöjdsaffär(en)
cramp kramp(en)
crayfish kräfta(n)
cream grädde(n)
  (for skin) kräm(en)
credit card kreditkort(et)
crew besättning(en)
crisps chips
crowded överfull
cruise kryssning(en)
crutches kryckor(na)
cry *(weep)* gråta
cucumber gurka(n)
cufflinks manschettknappar(na)
cup kopp(en)
cupboard skåp(et)
curlers papiljotter(na)
curls lockar(na)
curry curry(n)
curtains gardiner(na)
Customs tull(en)
cut *(noun)* skärsår(et)
  (verb: with scissors) klippa
  (with knife) skära

dad pappa
dairy *(shop)* mjölkbutik(en)
damp fuktig
dance *(verb)* dansa
  (noun) dans(en)
Dane *(man)* dansk(en)
  (woman) danska(n)
dangerous farlig
Danish *(adj)* dansk
  (language) danska
dark mörk
daughter dotter(n)
day dag(en)
dead död

deaf döv
dear *(person)* kär
  (expensive) dyr
deckchair vilstol(en)
deep djup
deliberately avsiktligt
Denmark Danmark
dentist tandläkare(n)
dentures tandprotes(en)
deny förneka
  I deny it jag nekar
deodorant deodorant(en)
department store varuhus(et)
departure avgång(en)
develop *(film)* framkalla
diamond *(jewel)* diamant(en)
  (cards) ruter
diarrhoea diarré(n)
diary dagbok(en)
dictionary lexikon(et)
die dö
diesel diesel
different olik, annorlunda
  that's different det är något
  annat
  I'd like a different one jag
  skulle vilja ha en annan
difficult svår
dining car restaurangvagn(en)
dining room matsal(en)
directory *(telephone)* katalog(en)
dirty smutsig
disabled handikappad
distributor *(in car)* fördelare(n)
dive dyka
diving board trampolin(en)
divorced frånskild
do göra
doctor doktor(n), läkare(n)
document dokument(et)
dog hund(en)
doll docka(n)

dollar dollar(n)
door dörr(en)
double room dubbelrum(met)
doughnut munk(en)
down ner
drawing pin häftstift(et)
dress *(frock)* klänning(en)
drink *(verb)* dricka
  (noun) dryck(en)
  would you like a drink? vill
  du ha något att dricka?
drinking water dricksvatten
  (-vattnet)
drive *(verb)* köra
driver förare(n)
  (of bus, taxi, lorry) chaufför(en)
driving licence körkort(et)
drunk berusad
dry torr
dry cleaner kemtvätt(en)
dummy *(for baby)* napp(en)
during under
dustbin soptunna(n)
duster dammtrasa(n)
Dutch holländsk
duty-free tullfri

each *(every)* varje
  twenty SKr. each tjugo kronor
  styck
early tidigt
earrings örhängen
ears öron
east öster
easy lätt
eat äta
egg ägg(et)
either: either of them endera
  av dem
  either ... or ... antingen ...
  eller ...

elastic elastisk
elastic band gummiband(et)
elbow armbåge(n)
electric elektrisk
electricity elektricitet(en)
else: something else någonting
  annat
  someone else någon annan
  somewhere else någon
  annanstans
embarrassing pinsam
embassy ambassad(en)
embroidery broderi(et)
emerald smaragd(en)
emergency nödfall(et)
empty tom
end slut(et)
engaged *(couple)* förlovad
  (occupied) upptagen
engine *(motor)* motor(n)
England England
English engelsk
  (language) engelska
English Channel Engelska
  kanalen
Englishman engelsman(nen)
Englishwoman engelska(n)
enlargement förstoring(en)
enough tillräckligt
  that's enough thanks det räcker
  tack
entertainment underhållning(en)
entrance ingång(en)
envelope kuvert(et)
escalator rulltrappa(n)
especially särskilt
evening kväll(en)
every varje
everyone alla
everything allt
everywhere överallt
example exempel (exemplet)

for example till exempel
excellent utmärkt
excess baggage övervikt(en)
exchange *(verb: in shop)* byta
(money) växla
exchange rate växelkurs(en)
excursion utflykt(en)
excuse me! *(to get attention)*
ursäkta!
exit utgång(en)
expensive dyr
extension förlängning(en)
eye drops ögondroppar(na)
eyes ögon(en)

face ansikte(t)
faint *(unclear)* svag
(verb) svimma
I feel faint jag känner mig matt
fair *(funfair)* marknad(en)
it's not fair det är orättvist
false teeth tandprotes(en)
family familj(en)
fan *(ventilator)* fläkt(en)
(enthusiast) en fan
fan belt fläktrem(men)
far långt
how far is ...? hur långt är det
till ...?
fare biljettpris(et)
farm bondgård(en)
farmer bonde(n)
fashion mode(t)
fast snabb
fat *(adj)* fet
(noun) fett(et)
father far (fadern)
feel *(touch)* känna
I feel hot jag känner mig het
I feel like a ... jag skulle gärna
ha en/ett ...

I don't feel well jag mår inte
bra
feet fötter(na)
felt-tip pen filtpenna(n)
ferry färja(n)
fever feber(n)
fiancé fästman(nen)
fiancée fästmö(n)
field fält(et)
(grassy) äng(en)
(for football) fotbollsplan(en)
fig fikon(et)
filling *(tooth)* plomb(en)
(for sandwich etc) pålägg(et)
film film(en)
filter filter (filtret)
finger finger (fingret)
Finland Finland
Finn *(man)* finländare(n)
(woman) finländska(n)
Finnish *(adj)* finsk
(language) finska
fire eld(en)
(blaze) eldsvåda(n)
fire! fire! elden är lös!
fire extinguisher eldsläckare(n)
firework fyrverkeri(et)
first först
first aid första hjälp
first floor första våningen
fish fisk(en)
fishing fiske(t)
to go fishing gå och fiska
fishing permit fiskekort(et)
fishing rod metspö(t)
fishmonger fiskhandlare(n)
fizzy kolsyrad
fizzy drink läsk(en)
flag flagga(n)
flash *(camera)* blixt(en)
flat *(level)* flat
(apartment) lägenhet(en)

flavour smak(en)
flea loppa(n)
flight flyg(et)
flippers simfötter(na)
flour mjöl(et)
flower blomma(n)
flu influensa(n)
flute flöjt(en)
fly *(verb)* flyga
  (insect) fluga(n)
fog dimma(n)
folk music folkmusik(en)
food mat(en)
food poisoning matförgiftning(en)
foot fot(en)
football fotboll(en)
for för
  for me för mig
  what for? varför?
  for a week en vecka
foreigner utlänning(en)
forest skog(en)
fork gaffel(n)
fortnight två veckor
fountain pen reservoarpenna(n)
fourth fjärde
fracture brott(et)
France Frankrike
free *(not occupied)* ledig
  (no cost) gratis
  (at liberty) fri
freezer frys(en)
French fransk
  (language) franska
Frenchman fransman(nen)
Frenchwoman fransyska(n)
fridge kylskåp(et)
friend vän(nen)
friendly vänlig
front: in front of ... framför ...
  at the front längst fram
frost frost(en)

fruit frukt(en)
fruit juice fruktjuice(n)
fry steka
frying pan stekpanna(n)
full full
  I'm full jag är mätt
full board helpension(en)
funnel *(for pouring)* tratt(en)
funny lustig
  (odd) konstig
furniture möbler(na)

garage *(parking)* garage(t)
  (fuel) bensinmack(en)
  (repairs) bilverkstad(en)
garden trädgård(en)
garlic vitlök(en)
gas-permeable lenses
  syrepermeabla kontaktlinser
gay *(homosexual)* homosexuell
gear växel(n)
gear lever växelspak(en)
gents *(toilet)* herrar
German *(man)* tysk(en)
  (woman) tyska(n)
  (adj) tysk
  (language) tyska
Germany Tyskland
get *(fetch)* hämta
  have you got ...? har du/ni ...?
  to get the train ta tåget
get back: we get back tomorrow
  vi kommer tillbaka i morgon
  to get something back få
  någonting tillbaka
get in *(to car, train etc)* stiga in
  (arrive) ankomma
get out *(of car)* stiga ut
  (of train, bus) stiga av
get up *(rise)* stiga upp
gift gåva(n)

gin gin(en)
girl flicka(n)
girlfriend flickvän(nen)
give ge
glad glad
  I'm glad jag är glad
glass glas(et)
glasses glasögon(en)
gloss prints kopior med glansig
  yta
gloves handskar(na)
glue lim(met)
go gå
  (travel) fara
  I want to go to the cinema
  jag vill gå på bio
goggles skyddsglasögon(en)
gold guld(et)
good bra
  good! bra!
goodbye adjö
  (informal word) hej
gooseberries krusbär(en)
Gothenburg Göteborg
government regering(en)
granddaughter *(son's side)*
  sondotter(n)
  (daughter's side) dotterdotter(n)
grandfather *(father's side)* farfar
  (-fadern)
  (mother's side) morfar (-fadern)
grandmother *(father's side)*
  farmor (-modern)
  (mother's side) mormor (-modern)
grandson *(son's side)* sonson(en)
  (daughter's side) dotterson(en)
grapefruit grapefrukt(en)
grapes druvor(na)
grass gräs(et)
Great Britain Storbritannien
green grön
grey grå

grill grill(en)
grocer *(shop)* speceriaffär(en)
ground floor bottenvåning(en)
ground sheet tältunderlag(et)
guarantee *(noun)* garanti(n)
  (verb) garantera
guard vakt(en)
guide guide(n)
guide book resehandbok(en)
guitar gitarr(en)
Gulf of Bothnia Bottniska Viken
gun *(rifle)* gevär(et)
  (pistol) pistol(en)

hair hår(et)
haircut klippning(en)
hairdresser *(for women)*
  damfrisör(en)
  (for men) herrfrisör(en)
hair dryer hårtork(en)
hair spray hårspray(en)
half halv
  half an hour en halvtimme
half board halvpension(en)
ham skinka(n)
hamburger hamburgare(n)
hammer hammare(n)
hand hand(en)
handbag handväska
hand brake handbroms(en)
handkerchief näsduk(en)
handle handtag(et)
  (on cup) öra(t)
handsome stilig
hangover baksmälla(n)
happy lycklig
harbour hamn(en)
hard hård
  (difficult) svår
hard lenses hårda kontaktlinser
hat hatt(en)

113

have ha
  I don't have ... jag har inte ...
  can I have ...? kan jag få ...?
  have you got ...? har du/ni ...?
  I have to go now jag måste gå nu
hayfever hösnuva(n)
he han
head huvud(et)
headache huvudvärk(en)
headlights strålkastare (-kastarna)
hear höra
hearing aid hörapparat(en)
heart *(also cards)* hjärta(t)
heart attack hjärtinfarkt(en)
heating värme(n)
heavy tung
heel *(foot)* häl(en)
  (shoe) klack(en)
hello hej
help *(noun)* hjälp(en)
  (verb) hjälpa
  help! hjälp!
her: it's her det är hon
  it's for her det är för henne
  give it to her ge det till henne
  her house/shoes hennes hus/skor
  it's hers det är hennes
here här
  come here kom hit
herring sill(en)
hi! hej!
high hög
highway code trafikstadga(n)
hill backe(n)
him: it's him det är han
  it's for him det är för honom
  give it to him ge det till honom
hire hyra
his: his house/shoes hans hus/skor

it's his det är hans
history historia (historien)
hitch-hike lifta
hobby hobby(n)
holiday semester(n)
  (single day) helgdag(en)
Holland Holland
honest ärlig
honey honung(en)
honeymoon smekmånad(en)
horn *(car)* signalhorn(et)
  (animal) horn(et)
horrible hemsk
hospital sjukhus(et)
hot varm
hot water bottle värmeflaska(n)
hour timme(n)
house hus(et)
how? hur?
hungry: I'm hungry jag är hungrig
hurry: I'm in a hurry jag har bråttom
husband man(nen)

I jag
ice is(en)
ice cream glass(en)
ice cube isbit(en)
ice lolly glasspinne(n)
if om
ignition tändning(en)
ill sjuk
immediately genast
impossible omöjlig
in i
  in English på engelska
  in the hotel i hotellet
Indian Indien
Indian *(man)* indier(n)
  (woman) indiska(n)
  (adj) indisk

indicator blinker(n)
indigestion dålig matsmältning
infection infektion(en)
information upplysning(en)
injection spruta(n)
injury skada(n)
ink bläck(et)
inner tube innerslang(en)
insect insekt(en)
insect repellent insektmedel
  (-medlet)
insomnia sömnlöshet(en)
insurance försäkring(en)
interesting intressant
interpret tolka
invitation inbjudan
Ireland Irland
Irish irländsk
Irishman irländare(n)
Irishwoman irländska(n)
iron *(metal)* järn(et)
  (for clothes) strykjärn(et)
ironmonger järnhandel(n)
is: he/she/it is han/hon/det är
island ö(n)
it den, det
Italy Italien
itch *(noun)* klåda(n)
  it itches det kliar

jacket jacka(n)
jam sylt(en)
jazz jazz(en)
jealous svartsjuk
jeans jeans(en)
jellyfish manet(en)
jeweller guldsmed(en)
job arbete(t)
jog *(verb)* jogga
joke vits(en)
journey resa(n)

jumper jumper(n)
just: just one bara en/ett
  it's just arrived det har just
  kommit

key nyckel(n)
kidney njure(n)
kilo kilo(t)
kilometre kilometer(n)
king kung(en)
kitchen kök(et)
knee knä(t)
knife kniv(en)
knit sticka
know: I don't know jag vet inte

label etikett(en)
lace spets(en)
laces *(of shoe)* skosnören
ladies *(toilet)* damer
lake sjö(n)
lamb lamm(et)
lamp lampa(n)
lampshade lampskärm(en)
land *(noun)* land(et)
  (verb) landa
language språk(et)
large stor
last *(final)* sist
  last week förra veckan
  last month förra månaden
  at last! äntligen!
  late: it's getting late det börjar
  bli sent
  the bus is late bussen är försenad
laugh skratta
launderette tvättomat(en)
laundry *(place)* tvättinrättning(en)
  (dirty clothes) tvättkläder(na)
laxative laxermedel (-medlet)

115

lazy lat
leaf löv(et)
leaflet broschyr(en)
learn lära sig
leather läder (lädret)
left *(not right)* vänster
  there's nothing left det finns ingenting kvar
left luggage resgodsinlämning(en)
left luggage locker väskförvaringsfack(et)
leg ben(et)
lemon citron(en)
lemonade lemonad(en)
length längd(en)
lens *(camera)* lins(en)
less mindre
lesson lektion(en)
letter brev(et)
letterbox brevlåda(en)
lettuce grönsallad(en)
library bibliotek(et)
licence *(driving)* körkort(et)
life liv(et)
lift *(in building)* hiss(en)
  could you give me a lift? får jag åka med?
light *(not heavy)* lätt
  (not dark) ljus
lighter cigarettändare(n)
lighter fuel tändarbensin(en)
light meter exponeringsmätare(n)
like: I like you jag tycker om dig
  I like swimming jag tycker om att simma
  it's like ... det är som ...
lime *(fruit)* limon(en)
lip salve cerat(et)
lipstick läppstift(et)
liqueur likör(en)
list lista(n)
litre liter(n)

litter skräp(et)
little *(small)* liten
  it's a little big den är litet för stor
  just a little bara litet
liver lever(n)
lobster hummer(n)
lollipop slickepinne(n)
long *(distance)* lång
  (time) länge
  how long does it take? hur länge tar det?
lorry lastbil(en)
lost property hittegodsinlämning(en)
lot: a lot mycket
  a lot of ... en massa ...
loud högljudd
  (colour) bjärt
lounge vardagsrum(met)
love *(noun)* kärlek(en)
  (verb) älska
lover *(man)* älskare(n)
  (woman) älskarinna(n)
low låg
luck tur(en)
  good luck! lycka till!
luggage bagage(t)
luggage rack bagagehylla(n)
lunch lunch(en)

magazine tidskrift(en)
mail post(en)
make göra
make-up make-up(en)
man man(nen)
manager direktör(en)
map karta(n)
  a map of Gothenburg en karta över Göteborg
marble marmor(n)

margarine margarin(et)
market salutorg(et)
marmalade marmelad(en)
married gift
mascara mascara(n)
mass *(church)* mässa(n)
mast mast(en)
match *(light)* tändsticka(n)
  (sport) match(en)
material *(cloth)* tyg(et)
mattress madrass(en)
maybe kanske
me: it's me det är jag
  it's for me det är för mig
  give it to me ge det till mig
meal måltid(en)
meat kött(et)
mechanic mekaniker(n)
medicine medicin(en)
meeting möte(t)
melon melon(en)
menu matsedel(n)
message meddelande(t)
midday middag(en)
middle: in the middle i mitten
midnight midnatt(en)
midnight sun midnattssol(en)
mile mil(en) *(6.7 UK miles)*
milk mjölk(en)
mine: it's mine det är mitt
mineral water mineralvatten
  (-vattnet)
minute minut(en)
mirror spegel(n)
Miss fröken
mistake misstag(et)
  to make a mistake att göra ett
  misstag
monastery kloster (klostret)
money pengar(na)
month månad(en)
monument monument(et)

moon måne(n)
moose älg(en)
moped moped(en)
more mera
morning morgon(en)
  in the morning på morgonen
mosaic mosaik(en)
mosquito mygga(n)
mother mor (modern)
motorbike motorcykel(n)
motorboat motorbåt(en)
motorway motorväg(en)
mountain berg(et)
mouse mus(en)
moustache mustasch(en)
mouth mun(nen)
move *(verb)* röra sig
  don't move! stå stilla!
  (house) flytta
movies bio(n)
Mr herr
Mrs fru
Ms fr.
much: not much inte så mycket
  much better/slower mycket
  bättre/långsammare
mug mugg(en)
  a mug of coffee en mugg kaffe
mum mamma
museum museum (museet)
mushroom svamp(en)
music musik(en)
musical instrument
  musikinstrument(et)
musician musiker(n)
mussels musslor(na)
mustard senap(en)
my: my book min bok
  my room mitt rum
  my keys mina nycklar
mythology mytologi(n)

nail *(metal)* spik(en)
　(finger) nagel(n)
nail file nagelfil(en)
nail polish nagellack(et)
nail polish remover
　nagellackborttagningsmedel
　(-medlet)
name namn(et)
nappy blöja(n)
narrow trång
near: near the door nära dörren
　near London nära London
necessary nödvändig
necklace halsband(et)
need *(verb)* behöva
　I need ... jag behöver ...
needle nål(en)
negative *(photo)* negativ(et)
neither: neither of them
　ingendera av dem
　neither ... nor ... varken ...
　eller ...
nephew *(brother's side)* brorson(en)
　(sister's side) systerson(en)
never aldrig
new ny
news nyheter(na)
newsagent tidningskiosk(en)
newspaper tidning(en)
New Zealand Nya Zeeland
New Zealander *(man)*
　nyzeeländare(n)
　(woman) nyzeeländska(n)
next nästa
　next week nästa vecka
　what next? och sedan?
nice trevlig
niece *(brother's side)* brorsdotter(n)
　(sister's side) systerdotter(n)
night natt(en)
nightclub nattklubb(en)
nightdress nattlinne(t)

night porter nattportier(n)
no *(response)* nej
　I have no money jag har inga
　pengar
noisy bullersam
north norr
Northern Ireland Nordirland
North Sea Nordsjön
Norway Norge
Norwegian *(man)* norrman(nen)
　(woman) norska(n)
　(adj) norsk
　(language) norska
nose näsa(n)
not inte
notebook anteckningsbok(en)
nothing ingenting
novel roman(en)
now nu
nowhere ingenstans
nudist nudist(en)
number nummer (numret)
number plate nummerplåt(en)
nurse sjuksköterska(n)
nut *(fruit)* nöt(en)
　(for bolt) mutter(n)

occasionally ibland
of av
office kontor(et)
often ofta
oil olja(n)
ointment salva(n)
OK okej
old gammal
olive oliv
omelette omelett(en)
on på
one en, ett
onion lök(en)
only bara

open *(verb)* öppna
　(adj) öppen
opposite: opposite the hotel
　mittemot hotellet
optician optiker(n)
or eller
orange *(colour)* orange
　(fruit) apelsin(en)
orange juice apelsinsaft(en)
orchestra orkester(n)
ordinary *(normal)* vanlig
organ organ(et)
　(music) orgel(n)
our vår
　it's ours det är vårt
out: he's out han är ute
　shall we go out? ska vi gå ut?
outside utanför
over över
　over there därborta
overtake köra om
oyster ostron(et)

pack of cards kortlek(en)
package paket(et)
packet paket(et)
　a packet of ... ett paket ...
padlock hänglås(et)
page sida(n)
pain smärta(n)
paint *(noun)* målfärg(en)
pair par(et)
Pakistan Pakistan
Pakistani *(man)* pakistanare(n)
　(woman) pakistanska(n)
　(adj) pakistansk
palace slott(et)
pale blek
pancakes pannkakor(na)
paper papper(et)
paracetamol värktabletter(na)
parcel paket(et)

pardon? förlåt?
parents föräldrar(na)
park *(noun)* park(en)
　(verb) parkera
party *(celebration)* fest(en)
　(group) sällskap(et)
　(political) parti(et)
passenger passagerare(n)
passport pass(et)
pasta pasta(n)
path stig(en)
pavement trottoar(en)
pay betala
peach persika(n)
peanuts jordnötter(na)
pear päron(et)
pearl pärla(n)
peas ärter(na)
pedestrian fotgängare(n)
peg *(clothes)* klädnypa(n)
pen penna(n)
pencil blyertspenna(n)
pencil sharpener pennvässare(n)
penfriend brevvän(nen)
peninsula halvö(n)
penknife pennkniv(en)
people folk(et)
pepper peppar(n)
　(red/green) paprika(n)
peppermints
　pepparmyntskarameller(na)
per: per night per natt
perfect perfekt
perfume parfym(en)
perhaps kanske
perm permanent(en)
permit tillstånd(et)
petrol bensin(en)
petrol station bensinstation(en)
petticoat underkjol(en)
photograph *(noun)* fotografi(et)
　(verb) fotografera

photographer fotograf(en)
phrase book parlör(en)
piano piano(t)
pickpocket ficktjuv(en)
picnic picknick(en)
piece stycke(t)
pillow kudde(n)
pilot pilot(en)
pin knappnål(en)
pine *(tree)* tall(en)
pineapple ananas(en)
pink skär
pipe *(for smoking)* pipa(n)
   (for water) rör(et)
piston kolv(en)
pizza pizza(n)
place plats(en)
plant planta(n)
plaster *(for cut)* häftplåster
   (-plåstret)
plastic plast(en)
plastic bag plastpåse(n)
plate tallrik(en)
platform perrong(en)
   platform one/two etc spår
   ett/två
play *(theatre)* pjäs(en)
please varsågod
   a cup of coffee please en kopp
   kaffe, tack
plug *(electrical)* stickkontakt(en)
   (sink) plugg(en)
pocket ficka(n)
poison gift(et)
police polis(en)
policeman polis(en)
police station polisstation(en)
politics politik(en)
poor fattig
   (bad quality) dålig
pop music popmusik(en)
pork griskött(et)

port *(harbour)* hamn(en)
porter *(for luggage)* bärare(n)
   (hotel) portier(en)
possible möjlig
post *(noun)* post(en)
   (verb) posta
post box brevlåda(n)
postcard postkort(et)
poster affisch(en)
postman brevbärare(n)
post office post(en)
potato potatis(en)
pound *(money)* pund(et)
powder puder (pudret)
pram barnvagn(en)
prawn räka(n)
prescription recept(et)
pretty *(beautiful)* vacker
   (quite) ganska
priest präst(en)
private privat
problem problem(et)
   what's the problem? vad är det
   för fel?
public *(adj)* allmän
pull draga
puncture punktering(en)
purple purpur
purse portmonnä(n)
push skjuta
pushchair sittvagn för barn
pyjamas pyjamas(en)

quality kvalitet(en)
quay kaj(en)
queen drottning(en)
question fråga(n)
queue *(noun)* kö(n)
   (verb) köa
quick snabb
quiet lugn

quite *(fairly)* ganska
(fully) helt

radiator *(in room)*
  värmeelement(et)
  (in car) kylare(n)
radio radio(n)
railway line järnvägslinje(n)
rain regn(et)
  it's raining det regnar
raincoat regnrock(en)
raisins russin(en)
rare *(uncommon)* sällsynt
  (steak) blodig
raspberries hallon(en)
rat råtta(n)
razor blades rakblad(en)
read läsa
reading lamp läslampa(n)
ready klar
rear lights baklyktor(na)
receipt kvitto(t)
receptionist receptionist(en)
record *(music)* skiva(n)
  (sporting etc) rekord(et)
record player skivspelare(n)
record shop musikaffär(en)
red röd
refreshments förfriskningar(na)
registered letter rekommenderat
  brev
reindeer ren(en)
relative släkting(en)
relax koppla av
religion religion(en)
remember minnas
  I don't remember jag minns
  inte
rent *(verb)* hyra
  (noun) hyra(n)
reservation beställning(en)

reserve beställa
rest *(remainder)* rest(en)
  (verb: relax) vila
restaurant restaurang(en)
restaurant car restaurangvagn(en)
return *(come back)* återvända
  (give back) ge tillbaka
return ticket tur och
  returbiljett(en)
rice ris(et)
rich rik
right *(correct)* rätt
  (direction) höger
ring *(to call)* ringa
  (wedding etc) ring(en)
ripe mogen
river *(large)* älv(en)
  (small) å(n)
road väg(en)
rock *(stone)* sten(en)
  (music) rock
roll *(bread)* småfranska(n)
roof tak(et)
room rum(met)
rope rep(et)
rose ros(en)
round *(circular)* rund
  it's my round det är min
  omgång
rowing boat roddbåt(en)
rubber *(eraser)* radergummi(t)
  (material) gummi(t)
rubbish avfall(et)
ruby *(stone)* rubin(en)
rucksack ryggsäck(en)
rug *(mat)* matta(n)
  (blanket) filt(en)
ruins ruiner(na)
ruler *(for drawing)* linjal(en)
rum rom(men)
run *(person)* springa
runestone runsten(en)

sad ledsen
safe säker
safety pin säkerhetsnål(en)
sailing boat segelbåt(en)
salad sallad(en)
salami salami(n)
sale *(at reduced prices)* rea(n)
salmon lax(en)
salt salt(et)
same: the same dress samma
  klänning
  the same people samma
  människor
  same again please detsamma
  igen tack
sand sand(en)
sandals sandaler(na)
sand dunes sanddyner(na)
sandwich smörgås(en)
sanitary towels dambindor(na)
sauce sås(en)
saucepan kastrull(en)
sauna bastu(n)
sausage korv(en)
say säga
  what did you say? vad sade
  du?
  how do you say ...? hur säger
  man ...?
Scandinavia Skandinavien
Scandinavian skandinavisk
scarf halsduk(en)
  (head) scarf(en)
school skola(n)
scissors sax(en)
Scottish skotsk
Scotland Skottland
screw skruv(en)
screwdriver skruvmejsel(n)
sea hav(et)
seafood fisk och skaldjur
seat plats(en)

seat belt säkerhetsbälte(t)
second *(of time)* sekund(en)
  (in series) andra
see se
  I can't see jag kan inte se
  I see jaha
sell sälja
sellotape® tejp(en)
separate separat
separated separerad
serious allvarlig
serviette servett(en)
several flera
sew sy
shampoo shampo(t)
shave *(noun)* rakning(en)
  (verb) raka
shaving foam rakkräm(en)
shawl sjal(en)
she hon
sheet lakan(et)
shell skal(et)
ship skepp(et)
shirt skjorta(n)
shoe laces skosnören
shoe polish skokräm(en)
shoes skor(na)
shop affär(en), butik(en)
shopping inköp(et)
  to go shopping gå och handla
short kort
shorts: a pair of shorts ett par
  shorts
shoulder axel(n)
shower *(bath)* dusch(en)
  (rain) skur(en)
shrimp räka(n)
shutter *(camera)* slutare(n)
  (window) fönsterlucka(n)
sick *(ill)* sjuk
  I feel sick jag mår illa
side sida(n)

side by side bredvid varandra
sidelights parkeringsljus(en)
sights: the sights of ...
  sevärdheterna i ...
silk siden(et)
silver *(colour)* silvervit
  (metal) silver (silvret)
simple enkel
sing sjunga
single *(one)* enkel
  (unmarried) ogift
single room enkelrum(met)
sister syster(n)
skid *(verb)* slira
skin cleanser rengöringskräm(en)
skirt kjol(en)
sky himmel (himlen)
sleep *(noun)* sömn(en)
  (verb) sova
  to go to sleep somna
sleeping bag sovsäck(en)
sleeping pill sömntablett(en)
slippers tofflor(na)
slow långsam
small liten
smell *(noun)* lukt(en)
  (verb) lukta
smile *(noun)* leende(t)
  (verb) le
smoke *(noun)* rök(en)
  (verb) röka
snack matbit(en)
snorkel snorkel(n)
snow snö(n)
snowtyre vinterdäck(et)
so: so good så bra
  not so much inte så mycket
soaking solution *(for contact
  lenses)* blötläggningsvätska(n)
socks sockor(na)
soda water sodavatten (-vattnet)
soft lenses mjuka kontaktlinser

somebody någon
somehow på något sätt
something någonting
sometimes ibland
somewhere någonstans
son son(en)
song sång(en)
sorry! *(apology)* förlåt!
sorry? *(pardon)* förlåt?
soup soppa(n)
south söder
South Africa Sydafrika
South African *(man)* sydafrikan(en)
  (woman) sydafrikanska(n)
  (adj) sydafrikansk
souvenir suvenir(en)
spade *(shovel)* spade(n)
  (cards) spader
Spain Spanien
spanner skruvnyckel(n)
spares reservdelar(na)
spark(ing) plug tändstift(et)
speak tala
  do you speak ...? talar du/ni ...?
  I don't speak ...? jag talar inte ...?
speed hastighet(en)
speed limit
  hastighetsbegränsning(en)
speedometer hastighetsmätare(n)
spider spindel(n)
spinach spenat(en)
spoon sked(en)
sprain *(verb)* vricka
spring *(mechanical)* fjäder(n)
  (season) vår(en)
stadium ett stadion
staircase trappa(n)
stairs trappor(na)
stamp frimärke(t)
stapler häftapparat(en)
star *(also film)* stjärna(n)
start *(verb)* börja

station station(en)
statue staty(n)
steak biff(en)
steal stjäla
  it's been **stolen** den har blivit
  stulen
steering wheel ratt(en)
stewardess flygvärdinna(n)
sting *(noun)* stick(et)
  (verb) sticka
  it **stings** det bränner
stockings strumpor(na)
stomach mage(n)
stomach ache magvärk(en)
stop *(verb)* stanna
  (bus stop) hållplats(en)
  stop! stopp!
storm storm(en)
strawberries jordgubbar(na)
stream *(small river)* bäck(en)
street gata(n)
string *(cord)* snöre(t)
  (guitar etc) sträng(en)
student student(en)
stupid dum
suburbs förorter(na)
sugar socker (sockret)
suit *(noun)* kostym(en)
  (verb) passa
  it **suits you** den passar dig
suitcase resväska(n)
summer home sommarstuga(n)
sun sol(en)
sunbathe solbada
sunburn svidande solbränna(n)
sunglasses solglasögon(en)
sunny: it's sunny solen skiner
suntan solbränna(n)
suntan lotion sololja(n)
suntanned solbränd
supermarket snabbköp(et)
supplement tillägg(et)

sure säker
  are you sure? är du säker?
surname efternamn(et)
sweat *(noun)* svett(en)
  (verb) svettas
sweatshirt collegetröja(n)
Swede *(man)* svensk(en)
  (woman) svenska(n)
Sweden Sverige
Swedish *(adj)* svensk
  (language) svenska
sweet *(not sour)* söt
  (candy) sötsaker(na)
swimming costume baddräkt(en)
swimming pool simbassäng(en)
swimming trunks simbyxor(na)
Swiss *(adj)* schweizisk
Switzerland Schweiz
synagogue synagoga(n)

table bord(et)
tablet tablett(en)
take ta
take off *(noun)* avgång(en)
  (verb) lyfta
take away: to take away att ta
  med sig
talcum powder talkpuder (-pudret)
talk *(noun)* samtal(et)
  (verb) tala
tall lång
tampon tampong(en)
tangerine mandarin(en)
tap kran(en)
tapestry gobeläng(en)
tea te(et)
tea towel kökshandduk(en)
telegram telegram(met)
telephone *(noun)* telefon(en)
  (verb) telefonera

telephone box telefonkiosk(en)
telephone call telefonsamtal(et)
television TV(n)
temperature temperatur(en)
  I have a temperature jag har
  feber
tent tält(et)
tent peg tältpinne(n)
tent pole tältpåle(n)
than än
thank *(verb)* tacka
  thanks tack
  thank you tack så mycket
that: that train det där tåget
  that man/woman den där
  mannen/kvinnan
  what's that? vad är det där?
  I think that ... jag tror, att ...
their: their room/books deras
  rum/böcker
  it's theirs det är deras
them: it's them det är de
  it's for them det är för dem
  give it to them ge det åt dem
then *(at that time)* då
  (after that) sedan
there där
  there is/are ... det finns ...
  is/are there ...? finns det ...?
  shall we go there? ska vi gå dit?
  when do we get there? när är
  vi framme?
thermos flask termos(en)
these: these things de här sakerna
  these are mine de här är mina
they de
thick tjock
thin smal
think tänka
  I think so jag tror det
  I'll think about it jag skall
  fundera på det

third tredje
thirsty: I'm thirsty jag är törstig
this: this train det här tåget
  this man/woman den här
  mannen/kvinnan
  what's this? vad är det här?
  this is Mr ... det här är herr ...
those: those things de där sakerna
  those are his de där är hans
throat hals(en)
throat pastilles halstabletter(na)
through genom
thunderstorm åskväder (-vädret)
ticket biljett(en)
tie *(noun)* slips(en)
  (verb) knyta
tights strumpbyxor(na)
time tid(en)
  what's the time? vad är klockan?
  next time nästa gång
timetable tidtabell(en)
tin konservburk(en)
tin opener konservöppnare(n)
tip *(money)* dricks(et)
  (end) spets(en)
tired trött
  I feel tired jag är trött
tissues ansiktsservetter(na)
to: to England till England
  to the station till stationen
  to the doctor till doktorn
toast rostat bröd
tobacco tobak(en)
today i dag
together tillsammans
toilet toalett(en)
toilet paper toalettpapper(et)
tomato tomat(en)
tomato juice tomatsaft(en)
tomorrow i morgon
tongue tunga(n)
tonic tonic(en)

tonight i kväll
too *(also)* också
  (excessive) alltför
tooth tand(en)
toothache tandvärk(en)
toothbrush tandborste(n)
toothpaste tandkräm(en)
torch ficklampa(n)
tour rundresa(n)
tourist turist(en)
tourist office turistbyrå(n)
towel handduk(en)
tower torn(et)
town stad(en)
town hall rådhus(et)
toy leksak(en)
toy shop leksaksaffär(en)
track suit träningsoverall(en)
tractor traktor(n)
tradition tradition(en)
traffic trafik(en)
traffic jam trafikstockning(en)
traffic lights trafikljus(et)
trailer släpvagn(en)
train tåg(et)
translate översätta
transmission *(for car)*
  kraftöverföring(en)
travel agency resebyrå(n)
traveller's cheque resecheck(en)
tray bricka(n)
tree träd(et)
trousers byxor(na)
try försöka
  (try on) prova
tunnel tunnel(n)
tweezers pincett(en)
typewriter skrivmaskin(en)
tyre däck(et)

umbrella paraply(t)

uncle *(father's side)* farbror (-brodern)
  (mother's side) morbror (-brodern)
under under
underground tunnelbana(n)
underpants underbyxor(na)
understand förstå
  I don't understand jag förstår
  inte
underwear underkläder(na)
university universitet(et)
unmarried ogift
until tills
unusual ovanlig
up upp
  (upwards) uppåt
  up there däruppe
urgent brådskande
us: it's us det är vi
  it's for us det är för oss
  give it to us ge det åt oss
use *(noun)* användning(en)
  (verb) använda
  it's no use det tjänar ingenting
  till
useful nyttig
usual vanlig
usually vanligen

vacancy *(room)* ledigt rum
vacuum cleaner dammsugare(n)
vacuum flask termos(en)
valley dal(en)
valve ventil(en)
vanilla vanilj(en)
vase vas(en)
veal kalvkött(et)
vegetable grönsak(en)
vegetarian *(person)* vegetarian(en)
vehicle fordon(et)
very mycket
  very much jättemy

vest undertröja(n)
view utsikt(en)
viewfinder sökare(n)
Vikings vikingar
villa villa(n)
village by(n)
vinegar vinäger(n)
violin fiol(en)
visa visum(et)
visit *(noun)* besök(et)
  (verb) besöka
visitor besökare(n)
  (at home, hotel) gäst(en)
  (tourist) turist(en)
vitamin tablet vitaminpiller
  (-pillret)
vodka vodka(n)
voice röst(en)

wait vänta
waiter kypare(n)
  waiter! hovmästarn!
waiting room väntrum(met)
waitress servitris(en)
  waitress! fröken!
Wales Wales
walk *(noun: stroll)* promenad(en)
  (verb) gå
  to go for a walk gå på en
  promenad
walkman® en Walkman
wall vägg(en)
  (outside) mur(en)
wallet plånbok(en)
war krig(et)
wardrobe klädskåp(et)
warm varm
was: I was jag var
  he/she/it was han/hon/det var
washing powder tvättpulver
  (-pulvret)

washing-up liquid diskmedel
  (-medlet)
wasp geting(en)
watch *(noun)* klocka(n)
  (verb) se på
water vatten (vattnet)
waterfall vattenfall(et)
wave *(sea, hair)* våg(en)
  (verb) vinka
we vi
weather väder (vädret)
wedding bröllop(et)
week vecka(n)
welcome välkommen
  you're welcome varsågod
wellingtons gummistövlar(na)
Welsh walesisk
were: you were du/ni var
  we/they were vi/de var
west väster
wet våt
what? vad?
wheel hjul(et)
wheelchair rullstoll(en)
when? när?
where? var?
whether om
which? vilken?
whisky whisky(n)
white vit
who? vem?
why? varför?
wide bred
  (skirt, trousers) vid
wife hustru(n)
wind vind(en)
window fönster (fönstret)
windscreen vindruta(n)
wine vin(et)
wine list vinlista(n)
wing vinge(n)
with med

without utan
woman kvinna(n)
wood trä(et)
woods skog(en)
wool ylle(t)
word ord(et)
work *(noun)* arbete(t)
  (verb) arbeta
worse värre
worst värst
wrapping paper
  omslagspapper(et)
  (for presents) presentpapper(et)
wrist handled(en)
writing paper skrivpapper(et)
wrong fel

year år(et)
yellow gul
yes ja

yesterday i går
yet ännu
  not yet inte ännu
yoghurt yoghurt(en)
you *(singular familiar)* du
  (plural & polite) ni
  for you för dig/er
  with you med dig/er
your: your book *(familiar)* din
  bok
  (polite) er bok
  your shoes *(familiar)* dina skor
  (polite) era skor
yours: is this yours? *(familiar)* är
  den här din?
  (polite) är den här er?
youth hostel vandrarhem(met)

zip blixtlås(et)
zoo zoologisk trädgård(en)